Revolutionen in der Gesellschaft sind in der Vergangenheit nur in unterentwickelten Gesellschaften oder besonderen revolutionären Situationen wie nach den Weltkriegen geglückt. Meist wurden sie durch Waffengewalt erzwungen. Friedliche Revolutionen wie in Indien waren die Ausnahme.

In den heutigen hochentwickelten Industriestaaten scheint es derzeit kein Konzept zu geben, wie die Weiterentwicklung und Stabilisierung demokratischer Prozesse gegen die übergroße Macht der Finanzlobby bzw. des zusammengeschlossenen internationalen Kapitals erfolgen kann.

Regierungen werden und wurden infiltriert und für die Zwecke der Mächtigen und Superreichen weltweit missbraucht.

Dieses Buch versucht einen Ansatz zu finden, um in der gegenwärtigen Situation eine Anleitung für das Handeln für alle Aktiven in den Bürgerbewegungen zu geben, die dem weiteren Ausbau von Neoliberalismus und der weiteren Zerstörung der Erde und der Gesellschaft entgegen stehen.

Neben theoretischen Erläuterungen des Istzustandes werden ganz pragmatische Lösungen für den politischen Alltag erarbeitet.

Die jeweils aktuellste Fassung ist unter www.akademie-dz.de im Punkt Bücher zu finden.
(siehe auf dem Titelblatt den Veröffentlichungstermin)

Der Autor steht als Partner zu den im Buch genannten Punkten oder als Referent zu Vorträgen zur Verfügung.
Die Kontaktdaten finden Sie unter
www.akademie-dz.de im Impressum/ Kontakt.

Friedliche Revolution
in hochentwickelten Gesellschaften –

Pragmatische Anleitung zu Widerstand und
Veränderung

Wachstumswende und Demokratie Band 2

Herausgeber:
Dipl.-Ing., Päd., Psych.
Bernhard Brose
Psychologie-Weimar
Unternehmensberatung Weimar
www.unternehmen-we.de
www.psychologie-we.de
www.akademie-dz.de
ISBN-13: 978-1519204707
ISBN-10: 1519204701
1.Auflage: 10.11.2015
Ergänzt bzw. überarbeitet: 22.11.2015

Inhaltsverzeichnis

(Da alle meine Bücher unregelmäßig ergänzt oder überarbeitet werden je nach Aktualität können leichte Abweichungen in den Seitenzahlen auftreten.

Sollten Sie dieses Buch in Papierform erworben haben können Sie die aktuelle Fassung unter www.akademie-dz.de im Punkt „Bücher" aufrufen.
Am Veröffentlichungsdatum dort können Sie erkennen, wie aktuell Ihr erworbenes Exemplar ist.)

Wie Demokratie heute getötet wird zeigt im Detail die ZDF-Doku: Tod eines Internet-Aktivisten. (56)

Wir können zuschauen, wir können schweigen und nichts tun. Oder das Vermächtnis von Aaron Swartz erfüllen und uns für unsere eigenen Rechte aktiv einsetzen. Ein sehr bewegender Film!

0. Vorwort

Dieses Buch baut auf dem Buch „Wachstumswende – weniger ist viel mehr? Probleme und praktische Lösungen für eine lebenswerte und zukunftsfähige Demokratie; Information und Handlungsanleitung für Bürgerinitiativen und Interessenten",
ISBN-13: 978-1514376157
ISBN-10: 1514376156

auf.

Im Buch wurden vorrangig bekannte Denk-werkzeuge benutzt, die u.a. in der philosophischen Forschung benutzt werden wie Analyse und Synthese.
Die Analyse stellt den Ist-Stand fest, die handelnden Personen und die derzeitigen inneren und äußeren Umstände (Zeit, Ort, Motive, Ziele, W-Fragen: wer, was, wann, wo, warum ..usw.).

Auf dieser Basis erfolgt die Synthese, hier mit dem

Werkzeug ZIMOR, dass die die Ziele herausarbeitet und Lösungen erarbeitet, wie diese erreicht werden können.

Im Buch „Wachstumswende..." wurden die historischen Entwicklungen der Demokratie im Detail beleuchtet, der Ist-Stand analysiert sowie die derzeitigen wichtigsten demokratischen Bürgerbewegungen in Deutschland mit ihren Zielen und Programmen vorgestellt.

Gleichzeitig werden die führenden Parteien und ihre Konzepte für die Bewältigung der großen Aufgaben zur Sicherung der Zukunft analysiert.

Hier soll keine Wiederholung des vorangegangen Buches, sondern eine Weiterführung mit ganz konkreten Anleitungen zum effektiven und wirkungsvollen friedlichen Widerstand nach den Artikeln 3, 5 und 20 unseres Grundgesetzes erfolgen.

Es wird auf das Wissen und die Erfahrungen u.a. aus meinen beruflichen Laufbahnen als Diplom-ingenieur, Unternehmensberater, Psychologe, Pädagoge, Philosoph, Gesellschaftswissenschaftler, Leiter vieler Unternehmen und Einrichtungen und Aktiver in mehreren Bürgerbewegungen u.a. zurück gegriffen.

Unter (23) kann meinen Lebenslauf einsehen.

Im Buch wird nicht aufgerufen zu einer sofortigen Revolution zur Abschaffung des Kapitalismus. Dafür gibt es derzeit keine Basis.

Vielmehr werden die Lösungsansätze vieler Bürgerbewegungen als Ausgangspunkt genommen, um mehr Basisdemokratie und Mitspracherechte sowie dem Setzen sinnvoller politischer Rahmenbedingungen zur Einschränkung der Zerstörung unserer Erde, gegen unbegrenztes Wachstum sowie aggressiver Kapital- und Machtanhäufung und -zentralisierung eine Grundlage für das praktische Handeln zu geben. Es wird also einen längeren Zeitrahmen für die gesellschaftliche Transformation geben, der aber bei Erfolg eine lebenswerte Zukunft bietet. Es liegt nur an uns, ob wir etwas dafür tun oder weiter abwarten und damit den Untergang riskieren.

Im Punkt 2 dieses Buches wird begründet, warum uns für eine Wende zu Demokratie und Gemeinwohlpolitik weniger als 3 Jahrzehnte zur Verfügung stehen. Danach ist die Entwicklung so weit fortgeschritten (Vorhersage Bill Gates), dass der totale Überwachungsstaat absolut und nicht mehr umkehrbar sein wird. (irreversibler Schaden).

Demokratische Bürgerbewegungen wird es ab dieser Zeit nicht mehr geben.

1. Analyse des Ist-Standes

Die gegenwärtige Zeit ist geprägt von Krisen auf vielen zentralen und lebenswichtigen gesellschaftlichen Gebieten weltweit, Demokratie- und Sozialabbau sowie einer starken Entwicklung nach Rechts.
Wie weit nach rechts und wie schnell diese Entwicklung gehen wird ist derzeit nicht abzuschätzen. Die Unfähigkeit unserer Regierung u.a. bei der Bewältigung der Flüchtlingsfrage hat die Glaubwürdigkeit der Parteien in breiten Bevölkerungsschichten in Frage gestellt und Pegida, AfD und NPD Tür und Tor geöffnet. Vergleiche mit der Zeit von 1930-33 scheinen gerechtfertigt zu sein.

Weder die etablierten Parteien noch die Regierungen haben ein tragfähiges und zukunftssicheres Konzept, wie die künftigen Probleme wie Klimaschutz, Armut, Trinkwasser, Krankheiten und viele andere mehr gelöst werden sollen.

Große Kongresse wie die UN-Klimakonferenzen u.a. sind meist nur ein Aushängeschild und Alibi, um die Unfähigkeit und die tatsächlichen Ziele zu verschleiern. Das ist auch logisch, da sich mit der Lösung der benannten Probleme und Aufgaben keine riesigen Rendite verdienen lassen.

Die soziale Marktwirtschaft war auch nur Augenwischerei, da sich neoliberale Marktwirtschaft und soziale Sicherheit antagonistisch feindlich gegenüber stehen.

Nur zu Zeiten des kalten Krieges gab es einen Wettbewerb zwischen den Systemen Sozialismus und Kapitalismus, der die Vorzüge des Kapitalismus vorgaukeln sollte, um weitere Entwicklungen in Richtung Sozialismus zu verhindern.

Mit dem Wegfall des kalten Krieges zeigt jetzt der Kapitalismus immer stärker sein wahres Gesicht.

Die Vertreter dieser Entwicklung sind u.a. Goldman Sachs mit ihrer Politik der Unterwanderung und Kontaminierung von Regierungen weltweit, Black Rock New York und die Bilderberger, um nur einige wenige wichtige Vertreter mit Namen zu benennen. Im Quellenverzeichnis finden sich die entsprechenden Nachweise für diese Behauptungen. (1) (2) (3)

Als Gegenspieler dieser Entwicklung stehen derzeit nur die Linkspartei und einige Bürgerbewegungen zur Verfügung. Erfreulich ist, dass sich immer mehr Menschen aus allen Schichten und jeder Glaubensrichtung sich in den demokratischen Prozess einmischen. So gibt es u.a. große Netzwerke wie avaaz, campact, Wachstumswende u.a., große Kongresse mit über 1000 Teilnehmern wie die DeGrowth Konferenz in Leipzig oder die Solikon-

Kongresse an der TU Berlin.

Forderungen aller Teilnehmer sind aber eine stärkere Vernetzung und Zusammenschlüsse zur Bündelung und Vervielfachung der Kräfte. Derzeit gibt es zu viele Bewegungen, die untereinander weder Kenntnis voneinander haben noch gemeinsame Maßnahmen außerhalb der TTIP-Initiative durchführen oder miteinander abstimmen.

Gemeinsame Aktionen gegen TTIP oder die europäische Wasserinitiative haben aber die Macht von gemeinsamen Handlungen der Bürgerbewegungen sehr deutlich aufgezeigt.

Die Linkspartei hat mit ihrem „Manifest: Die kommende Demokratie – Sozialismus 2.0" ja wenigstens noch ein Programm, welche Ziele sie erreichen möchte. Ein Konzept, wie diese Ziele erreicht werden sollen scheint es aber auch hier nicht zu geben.

Auch bei den Bürgerbewegungen gibt es Ziele, aber es ist kein zukunftsfähiges tragfähiges Programm oder ein Konzept für die Umsetzung des nicht vorhandenen Programmes als solches erkennbar.

Die wahrscheinlich größte demokratische Bürgerbewegung, attac, hat unter www.attac.de/was-ist-attac zwar auch einen Ist-Stand angeboten, der aber oberflächlich bleibt und weder ein Programm noch ein Konzept für die Arbeit in der Zukunft anbietet.

Große Bürgerbewegungen wie der B.U.N.D. scheinen ziemlich zerrissen zu sein. Viele der bei google gefundenen Suchergebnisse sind nicht mehr erreichbar. Selbst die Hauptseite www.bund.net war zeitweilig nicht erreichbar.

Mit der Aberkennung der Gemeinnützigkeit von attac wird das rigorose Vorgehen gegen Bürgerbewegungen deutlich, das sich auch immer wieder bei den Aktionen gegen Gorleben, gegen Stuttgart 21 und viele andere berechtigte Bürgerinitiativen gezeigt hat.

Demgegenüber scheint die rechte Szene durch große Teile unseres Staatsapparates gestützt zu werden.

Im Untersuchungsbericht zur NSU wird ausgewertet, dass ohne die aktive finanzielle und organisatorische Unterstützung des Verfassungsschutzes diese Organisation gar nicht hätte existieren können. Ähnliche Berichte gibt es zur NPD.

Bei den Krawallen beim Aufmarsch von Neonazis in Dresden wurden ausschließlich die Gegner dieser Veranstaltungen drangsaliert oder von der Polizei festgenommen sowie von der Staatsanwaltschaft angeklagt.

Selbst der damalige stellvertretende Bundestagspräsident, Wolfgang Thierse, erklärte in einem Interview mit dem MDR: „Die Polizei ist eben vollauf damit beschäftigt, die Neonazis zu schützen". Gegen ihn wurden u.a. Strafverfahren wegen Beteiligung gegen derartige Neonaziaufmärsche eröffnet. (4)

Noch schlimmer erging es dem Jenaer Jugendpfarrer Lothar König. (5)
Dieser war sogar lange Zeit in Haft für sein friedliches Engagement gegen Rechts.

Das zeigt sehr deutlich die Entwicklung auch in unseren Landesregierungen und Verwaltungen in Richtung Rechts.

Mit der Finanz- und Wirtschaftskrise wurde auch die Zielstellung des internationalen Finanzkapitals sichtbar:

Privatisierung der Gewinne und Vergesellschaftung der Risiken und Kosten sowie unbegrenztes Wachstum zu Lasten unserer Erde und aggressiver Sozial- und Demokratieabbau. Allein in Deutschland wurden 2008 insgesamt 480 Milliarden in marode Banken gesteckt, ohne dafür Gegenleistungen zu fordern oder Konsequenzen gegen die Zocker einzuleiten wie z.B. in Island. (6)

Während die Einkommenssteuer für Reiche von 53 auf 42 % gesenkt wurde (man will ja diese armen Reichen nicht um ihren wohlverdienten Reichtum bringen) werden fast im Wochenrhythmus am Sozialbudget, am Bildungssystem, bei den Renten, dem Gesundheitssystem, der Kultur usw. Einsparungen in Größenordnungen vorgenommen. (7)
Selbst wenn diese Einsparung nicht in Euro im Finanzhaushalt ausgewiesen wird reicht es häufig, wenn diese Budgets nicht der Inflation angeglichen werden. Damit verarmen diese Bereiche allein ohne geänderte Finanzplanung. Zu beobachten ist dies besonders bei ALG II und Renten.

Und die Forderungen von EZB, IWF, WTO und europäischem Rat usw. gehen weiter in diese Richtung.

Derzeit erfolgt eine ungeheure Kapital- und zentrale Machtanhäufung, die alle Bereiche der Gesellschaft weltweit unter ihre Kontrolle zu bringen versucht. TTIP und TISA sind Beispiele dafür. (1) (2) (3)

Die Regierungen, die WTO, der IWF, der europäische Rat usw. werden als Werkzeuge dieses ungebremsten und zerstörerischen Neoliberalismus missbraucht gegen die Bürger der Länder, deren Handlungsspielraum und Interessenvertretung immer mehr eingeschränkt und unterdrückt wird.

2. Wahrscheinliche gesellschaftliche Entwicklung innerhalb der nächsten 3 Jahrzehnte

Im Punkt "Marktwirtschaft heute" (31) wird der gegenwärtige Stand unserer Gesellschaft beschrieben sowie die Gegner einer gemeinwohlorientierten Demokratie namentlich benannt. In den Punkten "Offener Brief ..." wird analysiert, wie die aktuellen Verantwortungsträger ihrer übergebenen Verantwortung nachkommen bzw. wie unfähig sie sind oder völlig andere Motive und Ziele haben, um die aktuellen Probleme national und international zu lösen.

Das anvisierte Ziel bei der Klimarettung von einer maximalen Erhöhung um 2 Grad wird ähnlich wie bei den Verhandlungen zu TTIP hinter verschlossenen Türen bereits als neue 4 Grad-Grenze diskutiert mit weltweiten Sachschäden dann in Billionen-Höhe und Milliarden an menschlichen Opfern als „Kollateralschäden" zusätzlich zu den riesigen Naturkatastrophen und Schäden an Umwelt und Artenschutz.

Denn die prognostizierte CO_2-Erhöhung auf 1 Billion Tonnen in den nächsten 30 Jahren, die zur Temperaturerhöhung von 2 Grad führt, wird bereits vorher wesentlich überschritten werden durch weiteres ungebremstes Wachstum, das u.a. durch den Fracking-Boom in den USA noch angeheizt wird und durch die Wachstumsbemühungen der ehemaligen Länder der Dritten Welt wie China,

Indien, Brasilien und vieler anderer verschärft wird. (66)

Bereits heute haben wir einen Anstieg des Meerwasserspiegels um 90 cm sowie verheerende Wetter- und Umweltkatastrophen.

Dazu kommen folgende Entwicklungen aus Wissenschaft und Technik, die unsere Gesellschaft weltweit nachhaltig und gravierend verändern werden:

Die wissenschaftlichen und technischen Entwicklungen vollziehen sich nicht mehr wie in der bisherigen Geschichte etwa linear, sondern jetzt exponentiell und nehmen in den nächsten Jahrzehnten bis jetzt unvorstellbare Veränderungen an Natur, Technik, Menschen und der Gesellschaft vor.

Neben dem dramatischen Klimawandel wird es folgende wissenschaftliche und technische Entwicklungen in den nächsten 30 Jahren geben

(bei google nach wissenschaftlich seriösen Beiträgen suchen wie in Spektrum der Wissenschaft, technology review des MIT, *FRAUNHOFER-GESELLSCHAFT*, *MAX-PLANCK-GESELLSCHAFT* u.a.).

- In den nächsten 30 Jahren werden weitere Millionen Arbeitsplätze allein In Deutschland wegbrechen durch weitere Rationalisierung oder sich stark wandeln z.B. durch Galileo (europ. GPS) und Energiewende in Transport und Landwirtschaft (führerlose selbstnavigierende Fahrzeuge und Landmaschinen), durch gravierende Änderungen in der Produktion durch neue Technologien wie 3D-Druck, Einsatz neuester Materialien, weiterer Ausbau der Robotertechnologien bis hin zum Einsatz von Drohnen im zivilen Bereich und viele andere.

Selbst in den Pflegebereichen werden Menschen durch menschliche Roboter abgelöst (59)

- Programmierbare Materie wird die bisherige Produktion von Produkten völlig verändern und vollständig ablösen. Beliebige Gegenstände, Maschinen und Geräte jeglicher Art bis hin zu jederzeit veränderbaren Wohnungen werden dann nicht mehr in Fabriken produziert, sondern zu Hause nach Software in kürzester Zeit aus winzigen programmierbaren Nano-Teilen zusammengesetzt. Bisherige Arbeitsplätze in der Produktion entfallen dann vollständig einschließlich Transport und Verkaufseinrichtungen.

Mehrere Universitäten, NASDA, Intel, Google u.a. Global-Player arbeiten intensiv an der Entwicklung und geben dafür bereits jetzt Unsummen aus. (56)(64)(65)

- Die Forschung an den Telomeren, also den Enden

unserer DNA, die für unser Altern zuständig sind, ist soweit fortgeschritten, dass eine Alterung der Zellen in absehbarer Zeit nicht nur aufgehalten, sondern rückgängig gemacht werden kann. Verstanden?

Kommen wir dann zur kinderlosen Gesellschaft?

- Mit der neuen einfachen Methode CRISPR-Cas9, die Gene elegant an gewünschten Stellen schneiden kann um neue gewünschte DNA- Fragmente einsetzen zu können haben sich Forscher vorgenommen, in absehbarer Zeit die meisten Krankheiten heilen und ausrotten zu können, aber auch Babys mit völlig neuen Eigenschaften zu kreieren. Es reicht aber auch schon aus, wenn diese neuen wissenschaftlichen Ergebnisse nur einigen wenigen Menschen exklusiv zur Verfügung gestellt werden, die sich das leisten können, die sich dann so genetisch verändern lassen, dass sie allen anderen Menschen eindeutig überlegen sind.

Zu den beiden letztgenannten Themen will auch die Epigenetik weitere Durchbrüche in diesem Zeitraum erreichen.

- Mit den Ergebnissen aus Genetik und Epigenetik lassen sich ebenfalls völlig neue Materialen kreieren: hochfeste Spinnenfäden, hochfeste und trotzdem flexible Eiweißmaterialen, organische Displays, organische Computer, neue Grundlagen für die

Ernährung, zur Abfallverwertung, zur Energieerzeugung oder Grundstoff für neue andere organische Materialien usw.

- Bis 2050 rechnen Computerspezialisten damit, dass die künstliche Intelligenz die menschliche Intelligenz überholt mit bis jetzt unvorhersehbaren Folgen. Ein wichtiger Zwischenschritt dazu sind die von Intel für den Markt 2016 angekündigten superschnellen Speicherchips (1000 x mal schneller im Vergleich). Die Speichergeschwindigkeiten stellen derzeit noch den Flaschenhals bei der weiteren Computerentwicklung dar.

Menschliche und künstliche Intelligenz werden miteinander verschmelzen. (60)

Alles kann bei google oder anderen Suchmaschinen aus einer Unzahl wissenschaftlicher seriöser Quellen erfahren.

- Bill Gates hat mit Ray Kurzweil vorausgesagt, dass bis 2050 Chips auf Siliziumbasis ersetzt werden durch Bio-Chips, die dann direkt an das Gehirn angeschlossen werden und nicht nur visuelle, sondern auch gefühlsmäßige Reaktionen im Körper auslösen werden. Toll. Möchte ich haben! Filme mitten drin mit allen Gefühlen, Gerüchen, Geschmack usw. (60) (61)

Wer hat dann aber künftig auf mein Gehirn Zugriff?

Man wird sich diesen neuen Entwicklungen kaum verschließen können, da man sonst vom Arbeitsprozess und der Gesellschaft ausgeschlossen bleibt wie ein Einsiedler im Wald. Und wenn ich mir die heutige Alkohol- und Drogenproblematik, Medikamentenmissbrauch u.a. anschaue wird es genügend Menschen geben, die diese Eingriffe machen lassen werden und damit anderen Menschen sehr stark überlegen sein werden durch die Vorteile, die diese neuen Technologien auch liefern werden.

Selbst ohne Handy kann man bereits heute an vielen gesellschaftlichen Prozessen nicht mehr teilnehmen.

Werden wir dann alle zu Zombies, gesteuert von den Vertretern der Psychopathen aus Volker Handons Buch „Die Psycho-Trader. Aus dem Innenleben unseres kranken Finanzsystems"? (47)

Mit der derzeitigen Politik muss man genau das annehmen! Totaler Überwachungsstaat in Reinstform?

Das ist nur ein winziger Ausschnitt, was in den nächsten **30 Jahren** auf uns zukommt, nicht erst im nächsten Jahrtausend.

Quellen: Zeitschriften der Max-Planck und Frauenhofer-Gesellschaft (kostenlos!), vom MIT "technology review" sowie Dokumentationen von

ARD, ZDF, 3sat und Arte (aus den Mediatheken-Links unter http://initiativ-network.lima-city.de/ - Links zu ...)

Wollen wir diese Zukunft den Zockern der Finanz- und Wirtschaftskrise und ihren Lobbyisten und verantwortungslosen Politikern überlassen wie bisher?

Wir wissen, dass die Gesellschaft vielleicht in 5 Jahren anfängt, darüber ernsthaft zu diskutieren, wenn wir das Thema **jetzt** beginnen hinein zu tragen. Diese Prozesse benötigen viel Zeit, die wir nicht mehr haben.

Qui tacet, consentire videtur – wer schweigt, scheint zuzustimmen!

Cui bono – wem nutzt es? Fragten schon die alten Griechen!

Haben wir seit über 3000 Jahren nichts dazu gelernt? Oder verhalten wir uns weiter wie in „Das Schweigen der Lämmer" und lassen uns freiwillig zur Schlachtbank führen?

3. Gegenmaßnahmen

Die Erhaltung unserer Erde und des Klimas können nur mit einer radikalen Wachstumswende verknüpft werden, die aber die meisten Länder dieser Welt nicht wollen. Die Ergebnisse der bisherigen Klimakonferenzen sprechen dazu eine eindeutige Sprache.

Diese Wachstumswende setzt deshalb gleichzeitig eine Demokratieentwicklung und Gemeinwohlpolitik zur Verbesserung der Situation der Menschen in diesen Ländern voraus als Grundlage des politischen Handelns aller Beteiligten. Ohne Demokratiewende und Wende zur Gemeinwohlpolitik werden auch alle anderen positiven gesellschaftliche Entwicklungen nicht im notwendigen Maß sich entwickeln können. Denn Demokratie-, Gemeinwohl- und Wachstumswende sowie Klimaschutz gehören als Einheit zu den unversöhnlichen Gegnern der Vertreter von Neoliberalismus, unbegrenzten Wachstums und Zerstörung von Erde und Gesellschaft.

Gegen die übermächtige Allianz aus Goldman Sachs und Bilderbergern & Co. sowie der Entwicklung nach Rechts kann keine einzelne Bürgerbewegung effektiv etwas ausrichten.

Die gesellschaftliche Entwicklung, aufgezeigt im

vorigen Kapitel, lässt den Schluss zu, dass der totalitäre Überwachungsstaat ähnlich dem Film Matrix in absehbarer Zeit Realität wird, wenn nicht rechtzeitig dagegen etwas unternommen wird. Wenn dieser Zeitpunkt verpasst wurde wird es keine Bergerbewegungen mehr geben!

Daher muss kurzfristig gerettet werden, was noch zu retten ist!

Es gibt viele Lösungsansätze, die die Gegner der Demokratiebewegungen tagtäglich einsetzen.

Das sind Wissen und Erfahrungen aus dem militärischen Gebiet wie Strategie und Taktik, der Philosophie – Analyse und Synthese u.a., der Psychologie: Manipulation, der Politik-, Gesellschafts- und Betriebswissenschaften und anderen Wissensbereichen.

Man muss also seinen Gegner und seine Methoden kennen und verstehen, um sich dagegen erfolgreich zur Wehr setzen zu können. Davon ist derzeit bei den Bürgerbewegungen nichts Wesentliches im Ansatz zu erkennen. Vielmehr scheinen viele Aktionen mit viel Unwissen, Blauäugigkeit und Naivität geführt zu werden mit der unbegründeten Hoffnung auf nachhaltigen Erfolg.

3.1. Die Forderung nach Vernetzung

Gemäß dem Sprichwort: wenn man Dir einen Finger brechen kann dann mache eine Faust!

Die Aktionen gegen TTIP u.a. zeigen auf, wie groß die Macht der Bürgerbewegungen sein kann, wenn sie gemeinsam abgestimmt handeln und konkrete Ziele erreichen wollen.

Vernetzung allein aber als Zweck, wo man sich nur untereinander kennt ist zu wenig und wird anvisierte Ziele nicht erreichen.

Vielmehr kommt es nicht allein auf die Vernetzung an, sondern darum, dass man sich eng verbündet bzw. zusammenschließt und ein gemeinsames Konzept zum Erreichen der gesteckten Ziele hat. Alles andere ist vergebliche Mühe!

Es gibt viele Partner, mit denen man sich vernetzen und/ oder verbünden/ zusammenschließen kann.

Das sind neben den großen Bürgerbewegungen z.B. die Gewerkschaften und Betriebsräte, möglicherweise auch Aufsichtsräte, Aktive aus den kirchlichen Kreisen, aber auch Mitglieder und Wähler der großen Parteien, die mit dem gegenwärtigen Kurs ihrer Partei unzufrieden sind.

Ganz wichtig und zu wenig beachtet ist die notwendige internationale Vernetzung und Zusammenschluss. Die Probleme und Aufgaben der heutigen Zeit machen nicht vor Ländergrenzen halt und sind auch nicht von einem Land allein zu bewältigen. Und es würde Sinn machen, wenn sich die Linkspartei, die Gewerkschaft, die demokratischen Bürgerbewegungen zusammenschließen würden z.B. mit Syriza und Podemos oder mit ihren Pendants in den Nachbarländern. Auch die Länder in Lateinamerika, die mit NAFT vor ca. 30 Jahren Erfahrungen gesammelt haben, die mit TTIP jetzt auch auf uns zukommen, macht Sinn. Attac Weimar hat im TTIP-Veranstaltungs-Zyklus daher mehrere lateinamerikanische Referenten auftreten lassen, die die Situation in Venezuela, Argentinien und Kolumbien für alle verständlich dargelegt haben. Die Betroffenheit, aber auch die damit verbundenen Hoffnungen waren recht groß.

Das wäre eine internationale gemeinsame Kraft!

Und es sind viele Menschen, die wir über die Aufklärung zu den Sachverhalten dazu auffordern können, sich aktiv in den Prozess einzubringen und ihre ureigensten Interessen gemeinsam mit vielen anderen zu vertreten und durchzusetzen.

3.2. Konzepte

Ohne Konzepte ist alles richtungs- und orientierungslos und das Programm allein selbst wertlos. Selbst Egon Olson hatte immer einen detaillierten Plan, nach dem eigentlich nichts schief gehen durfte.

Die Linkspartei hat je wenigstens nach vielen Jahren wieder ein Manifest als Programm erarbeitet, dass die Mitglieder vereinen könnte und für andere Bürgerbewegungen attraktiv als Aufforderung zur Partnerschaft bei dem Erreichen gemeinsamer Interessen und Zielstellungen aufgefasst werden könnte.

Ausgangspunkt für Konzepte ist also eine konkrete Zielstellung, die in einem Programm veröffentlicht werden kann. Mit dem Programm hat man aber nur die Ziele benannt ohne konkrete Punkte, wie diese in der Praxis erreicht werden sollen.

Ein geniales Denkwerkzeug dazu heißt ZIMOR. ZIMOR steht für

Z - Ziel
I - Inhalt
M - Methoden
O - Organisation
R – Resultat

Dieses Denkwerkzeug wird im Folgenden vorgestellt und als Handlungsanleitung zur Führung von Prozessen aller Art erläutert.

Zielstellung:

Hier kann ein Programm als gemeinsame Zielstellung für alle Beteiligten erarbeitet werden. Ob man das Zielstellung,. Programm, Manifest, Agenda oder sonst wie benennt ist nebensächlich. Es muss seinen Zweck „Zielstellung" erfüllen.
Die grundsätzlichen Ziele sind ja im letzten Abschnitt benannt worden:

-Rechtzeitige Rettung unseres Klimas und Durchsetzung der dafür notwendigen Wachstumswende zur Vermeidung der riesigen benannten Schäden und als Basis für die weiter handlungsfähigkeit.

- Weiterentwicklung der Demokratie als Voraussetzung für eine Politik des Gemeinwohls und Grundlage für die Klimarettung (Mitspracherechte, Basisdemokratie entwickeln und stärken)

- Alle anderen gesellschaftlichen Ziele ordnen sich diesen beiden zentralen Themen unter bzw. bauen auf deren Grundlage auf.

Inhalt:

Hier werden die Zielstellungen zu konkreten Teilzielen, die in einem bestimmten Rahmen erreicht werden sollen konkretisiert.

Methoden:

Hier werden die Methoden herausgearbeitet und benannt, mit denen man das Teilziel erreichen will.

Im vorliegenden Fall können Methoden Demos sein, Vorträge, Unterschriftensammlungen, Filme, Podiumsdiskussionen, Ausstellungen, Einreichung von Petitionen, Arbeitsberatungen gemeinsam mit anderen Organisationen, Dekorationen, Inszenierungen, Diskussionsforen, Wikileaks und vieles andere mehr. (15)

Organisation:

hier werden die W-Fragen geklärt:

Wer macht was mit wem wie wann und wo usw.? Was ist die Teilzielstellung, wie sind die Methoden, wer macht mit bzw. wen will ich ansprechen oder einladen usw. Muss etwas gedruckt werden, welche Materialien werden benötigt, Fahrzeuge, Video-und Musikanlagen, Stände, Behördenanmeldungen,

Polizei, Security und anderes Mögliche mehr.

Damit weiß jeder Beteiligte genau, wie der Ablauf geplant und welche Anforderungen und Aufgaben er selbst zu erfüllen hat. Effektives und möglichst fehlerfreies Arbeiten wird damit gesichert.

Wir bei attac Weimar haben z.B. Checklisten erarbeitet ähnlich den Checklisten von Piloten vor dem Abflug, damit nichts Wichtiges bei der Planung, beim Ablauf und der Auswertung vergessen wird.

Resultat:

Hier erfolgt der Zielstellungs- Resultats-Vergleich. Wurde die Zielstellung wie geplant erreicht? Was wurde warum nicht erreicht? Was muss geändert werden?
Können auf dem Erreichten neue Teilziele aufgebaut werden?
Weitere siehe (17) (18)

3.3. Variantenvergleich, Optimierung und Controlling

Dieses Kapitel ist wichtig in größeren Unternehmen bzw. bei der Bearbeitung von Projekten. Inwieweit es in Bürgerbewegungen wichtig ist hängt von der Komplexität der Aufgabenstellungen, der Übersichtlichkeit und dem konkreten Bedarf ab.

Da diese Werkzeuge für die Planung und Leitung von Prozessen in der meist ehrenamtlichen Arbeit ziemlich unbekannt sind werden viele wichtige Entscheidungen nach dem „Bauchgefühl" entschieden.

Nachdem ZIMOR jetzt kurz vorgestellt wurde sollten mögliche Varianten für die Erreichung von Zielen erarbeitet und bewertet werden.

Als Ingenieur musste ich mir manchmal die Frage gefallen lassen: „warum habt ihr denn das nicht einfacher, so und so gemacht? Billiger wäre es auch noch gewesen."

Nun, man hat manchmal die erstbeste Lösung genommen. Die war aber nicht die Beste. Beste Lösungen hängen meist auch vom Betrachter ab, was er als Kriterien setzt.

Was technisch als die beste Lösung scheint kann

finanziell, technologisch oder servicemäßig durchaus schlecht bis unmöglich sein. Hier macht es also Sinn, mögliche Varianten überhaupt erst einmal aufzustellen, anschließend interessante Kriterien für die Bewertung zu erarbeiten und dann den einzelnen Kriterien bestimmte Wertungen zuordnen.

Wenn ich ein Teilziel erreichen will also erst mal alle Methoden aufschreiben und dazu die verfügbaren Mittel usw. Es macht keinen Sinn, mit 3 Leuten eine Großdemo in kurzer Zeit zu planen, wenn dahinter nicht einmal ein Netzwerk steht. Auch der richtige oder falsche Tag, die Uhrzeit, der falsche Ort usw. können für den Erfolg oder Misserfolg entscheidend sein.

Hier nach dem Unternehmersprichwort denken:

„Bevor sich ein Unternehmer hinstellt und 8 Stunden schwer arbeitet setzt er sich 5 Minuten hin und denkt nach."

(Es gibt allerdings auch Unmengen von dummen und arroganten Unternehmern, denen man nichts beibringen kann.)

Also: Ziele, Methoden, Organisation wie ein Puzzel aufbauen und dann sinnvoll zusammen setzen.

Besonders gut kann man solche Prozesse in der Industrie bei der Serienfertigung betrachten. Da ist alles zur richtigen Zeit am richtigen Platz, Wissen und Erfahrungen stehen an diesem Platz zur Verfügung und die äußeren Bedingungen wie Klima, Lautstärke, Betreuung und Hilfe usw. sind alle vorhanden, um in kürzester Zeit das Produkt hocheffektiv und in hoher Qualität und Zuverlässigkeit zu produzieren.

Wenn wir uns solche Arbeitsweisen aneignen werden wir auch erfolgreich sein! Wenn wir weiter nach dem Bauchgefühl denken und handeln sehe ich für unsere Zukunft keine rosigen Zeiten!

Prozesse lassen sich natürlich optimieren, um eine bestimmte Zielstellung nach konkreten Kriterien zu bewerten und durchzuführen.

Bei der Optimierung werden vorrangig allen wichtigen Parameter Werte zugeordnet. Das können sein Preis, Zeitaufwand, technologischer Aufwand, Servicefreundlichkeit, Verfügbarkeit von Material und technologischer Ausrüstung und vieles andere mehr und diese Werte dann mit speziellen Denkwerkzeugen in Verhältnisse zueinander gesetzt.

In der Industrie oder dem Management werden dazu Werkzeuge wie die ZIS-Spinne, Ablaufdiagramme, Simulationen und andere verwendet. (19) (20) (21)
Im Unternehmen wird operatives von strategischem Controlling unterschieden. Beim operativen

Controlling geht es um die Steuerung der Wirtschaftlichkeit und Rentabilität sowie Liquidität des Unternehmens durch Budgetverwaltung und entsprechender Feinplanung, bezogen auf das laufende Geschäftsjahr, um für den wirtschaftlichen Erfolg alle Potentiale eines Unternehmens zu nutzen.

Das strategische Controlling baut neue Potentiale für das Unternehmen konstant auf und benutzt dazu Analysen seines Marktes und dient als strategische Steuerung und hat hier auch eine Warnfunktion. (22)

Wir können diese Erfahrungen für unsere Arbeit nutzen – sie stehen allen über das Internet zur Verfügung!

4. Die Werkzeuge der Mächtigen und wie man sie umdrehen kann

Werkzeuge werden benötigt, um ein bestimmtes Ziel oder Ergebnis/ Produkt zu erreichen.

Werkzeuge haben sehr häufig eine Doppelfunktion: man kann sie sowohl als Werkzeug als auch als Waffe einsetzen.

4. 1.Netzwerke und Zusammenschlüsse

Nach wie vor hochaktuell: Ein Zitat von P.J. Dunning (1860), das Karl Marx in einer Fußnote im „Kapital" bekannt machte, wird oft zur Charakterisierung des Profits gebraucht: „Das **Kapital** hat einen Horror vor Abwesenheit von Profit, oder sehr kleinen Profit, wie die Natur von der Leere. Mit entsprechendem Profit wird **Kapital** kühn. Zehn Prozent sicher, und man kann es überall anwenden; 20 Prozent, es wird lebhaft; 50 Prozent, positiv und waghalsig; für 100 Prozent stampft es alle menschlichen Gesetze unter seinen Fuß; 300 Prozent, und es existiert kein Verbrechen, das es nicht riskiert, selbst auf Gefahr des Galgens."

Die Gegner von Demokratie und gesellschaftlicher Vorwärtsentwicklung haben es uns vorgemacht.
Sie vernetzen sich, sie stimmen sich untereinander ab, sie schließen sich in allen denkbaren Formen

zusammen, sie entwickeln gemeinsame Konzepte zur Neuaufteilung der Welt und Unterdrückung von Demokratie, sie lassen Stellvertreterkriege zur Wahrung ihrer Profite führen, weil sie gemeinsam gegen Entwicklungen, die ihre Interessen beschneiden sollen, effektiver vorgehen können.

Sie befassen sich mit allen Denkwerkzeugen, die sie für die Durchsetzung ihrer Interessen missbrauchen können und kennen sich bis zur militärischen Strategie und Taktik im Detail aus.

Und sie haben die Mittel, um ihre Interessen gegen alle Angriffe zu verteidigen.

Die einzige Chance für die Bürgerbewegungen der Länder weltweit ist, sich mit den Strategien und Taktiken ihrer Gegner zu befassen, die Bürger darüber aufzuklären, sie für eine aktive Teilnahme gewinnen und mit der Masse an aktiven Teilnehmern bei der Veränderung der Gesellschaft dem umwelt- und zerstörerischem Treiben vieler Neoliberalisten einen Handlungsrahmen aufzuzwingen, der der Gesellschaft nicht mehr schadet und langfristig zu einer Gemeinwohlpolitik führt. Ohne diesen aufgezwungenen Rahmen und damit die Beschneidung der möglichen Handlungen der neoliberalen Akteure haben wir alle keine Zukunft, da Vernunft bei vielen Neoliberalisten kein tragendes Element ist. (24)

Dieser beschnittene Handlungsrahmen lässt sich aber nur durchsetzen, wenn sich die Bürgerbewegungen sowohl zusammenschließen mit einem abgestimmten Konzept als auch ihre Interessen selbst parlamentarisch vertreten.

Ich sehe neben den Zusammenschlüssen und gemeinsamen Konzepten die Parlamentarische Vertretung der Bürgerbewegungen als eine der Grundvoraussetzungen für eine erfolgreiche Erreichung der Ziele an.

Die Linkspartei wird es erstens allein nicht schaffen und zweitens nicht die Interessen aller Bürgerbewegungen vertreten können, wenn diese z.B. aus kirchlichen Kreisen kommen oder die Mitglieder nicht von der Linkspartei vertreten werden wollen.

Wir müssen das daher selber machen.

4.2. Verwaltungen ändern

Unter Verwaltungen verstehe ich hier u.a. die Ministerien und ihre nachgeordneten Einrichtungen, die regionalen und örtlichen Verwaltungen einschließlich Justiz, Polizei, Armee usw.

Ebenso kann man die kommunalen Betriebe und Einrichtungen zu dieser Kategorie zählen.

Über die Verwaltungen übt die Regierung ihre Macht aus.

Aus den bisherigen Ausführungen ging sicher bereits hervor, dass in einer Demokratie zwar die Macht vom Volke ausgehen sollte, das aber in unserer Gesellschaft leider nicht zutrifft.

Vielmehr ist die Regierung unterwandert von Vertretern von Goldman Sachs, Bilderbergern & Co, andererseits trifft sie ihre Entscheidungen im übergroßen Sinne von Lobbyisten und konzernabhängigen „Gutachtern" und demzufolge nicht im Sinne des Volkes, sondern nur deren reichen und mächtigen Vertretern. Die Masse geht leer aus und wird mit dem Machtwerkzeug wirkungsvoll unterdrückt.

Die Ausgangsbasis dafür ist die Geheimhaltung, Vertuschung und Verschleierung der ganzen Abläufe und Prozesse innerhalb der Verwaltungen.

Es gibt aber Wege und Lösungen aus dieser verfahrenen Situation. Das Schlagwort heißt dazu „Transparenz". Die Forderung nach Transparenz gehört zu unseren schärfsten und wirkungsvollsten Waffen, die wir besitzen. Leider wird sie nur unzureichend angewandt. Daher hier etwas mehr im Detail.

Wikileaks und andere haben es vorgemacht, wie wirkungsvoll man die Machenschaften aufdecken und damit vereiteln kann. Auch die sehr erfolgreichen Aktionen gegen TTIP, CETA und TISA fordern letztendlich Transparenz statt Geheimhaltung, Vertuschung und Verschleierung

4.3. Forderung nach Transparenz

Grundlage für eine sinnvolle Demokratieentwicklung ist Transparenz. Diese wieder ist der Garant für Ehrlichkeit und Offenheit in der Politik und basisdemokratischer Teilhabe unserer Bürger bei der Entwicklung und Gestaltung unserer Gesellschaft.

Als Unterziele der Transparenz werden vorgeschlagen:

A. In Verwaltungen

Die Mitarbeiter der Verwaltungen müssen motiviert werden, als unsere Partner unsere Gesellschaft progressiv mit weiter zu entwickeln. Dazu gibt es folgende Vorschläge:

a) Etwas Ähnliches schaffen wie die Stiftung Warentest, bezogen auf die Qualität der Arbeit der Ämter und Behörden. Hier können die betroffenen Bürger ihre Bewertung abgeben. Bei vielen Konzernen wie eBay, Amazon u.a. ist diese Bewertung häufig sogar die Grundlage für das

Kaufverhalten und damit die Entscheidung des Kunden.

Erst wenn das Amt und der einzelne Mitarbeiter im Fokus des öffentlichen Interesses stehen und die Zuweisung von Arbeitsplätzen, von Gehältern und Beförderungen sowie der Erhalt des eigenen Arbeitsplatzes von der öffentlichen Meinung abhängen werden kann sich dort ein progressives und gesellschaftlich gesundes Klima entwickeln. Bis dahin werden viele Verwaltungen ihr bisheriges eher bürger- und demokratiefeindliches Verhalten beibehalten.

Es ist für die Bürger auch nicht verständlich, warum nur sie Schaden aus falschen Entscheidungen tragen sollen. Es wäre genau so sinnvoll, wenn der Mitarbeiter, der bewusst falsche Entscheidungen getroffen hat, die Konsequenzen tragen und ähnlich wie der betroffene Bürger leiden müsste.

Der gegenwärtige massive Schutz von Mitarbeitern, die gegen geltendes Recht verstoßen haben wie z.B. gegen die Paragraphen 186, 187 oder 240 StGB oder nach § 823 BGB und andere mehr durch ihre Vorgesetzten, Amtsaufsichtsbehörden oder die Justiz erinnert viel eher an totalitäre Staaten als an eine Demokratie. Beste Beispiele liefern auch die Aufdeckungen zu den Skandalen um den Verfassungsschutz.

b) Gemeinsam von der Politik einfordern, dass ein Qualitätssicherungssystem ähnlich ISO 9001 in der Industrie auch in Ämtern und Behörden/ Verwaltungen eingeführt wird, welches die Mindestforderung nach rechtlich korrekten Entscheidungen dieser Einrichtungen sicher stellt.

Die vielen Gerichtsverfahren zeigen ja bereits, dass diese Mindestforderung in vielen Fällen nicht ansatzweise eingehalten wird, aber diese vorsätzliche oder aus Unwissenheit erzeugte Nichteinhaltung nicht zu Konsequenzen für den Rechtsverletzer oder den Rechtsmissbraucher führt. Das erzeugt ein dauerhaftes Unrechtsbewusstsein bei der Erledigung der Aufgaben innerhalb der Verwaltungen.

Ein solches Qualitätssicherungssystem würde unsere Gerichte radikal entlasten, Bearbeitungszeiten stark kürzen und bei den Bürgern auf sehr viel Zustimmung stoßen.

Das setzt allerdings voraus, dass bereits im Gesetzgebungsprozess saubere Gesetze erarbeitet und verabschiedet werden und weniger „mit der heißen Nadel gestrickt" werden bzw. Einflüsse von außen wie besondere Parteieinflüsse oder Lobbyismus sowie Geheimniskrämerei und Verschleierung von Motiven und damit verbundener verschleierter Ziele weniger Eingang in diese Prozesse finden. Es erfolgt auch kein Praxischeck, ob das Gesetz bei der Anwendung für den Bürger erhebliche Nachteile bringt. So verstoßen u.a. Sozialgesetzbücher eklatant gegen unser geltendes Grundgesetz. (8)

Uns sind viele Gesetze bekannt, deren Umsetzung dem Bürger ganz erhebliche Nachteile bringen, weil die Praxistauglichkeit im Vorfeld nicht geprüft wurde. Bei Bedarf können dazu Fragen an den Autor gestellt werden.

Weiterhin werden tatsächlich unabhängige Prüfer/ Gutachter für die Überwachung und Durchsetzung hoher Qualitätsstandards benötigt und keine Gutachter, die wie ein Drogenabhängiger an der Nadel von Gericht und Verwaltungen Gutachten in Serie haben wollen, um davon gut überleben zu können. Unabhängig ist anders!

Eine Art unabhängige Schiedskommission kann viele Differenzen zwischen Bürger und Verwaltungen außergerichtlich klären. Das System der Dienstaufsichtsbeschwerde ist dafür eher ungeeignet, wie praktische Erfahrungen in der Vergangenheit gezeigt haben, da die beanstandete Verwaltung in der Regel die Anschuldigungen selbst beantwortet und abgewehrt hat und die Dienstaufsichtsbehörde diesen Argumenten der Verwaltung mehr Priorität als der Beschwerde der Bürger eingeräumt hat. Das ist so ähnlich, als wenn es vor dem Gericht dem Angeklagten möglich ist, sich trotz erwiesener Schuld selbst frei zu sprechen und Richter und Staatsanwalt folgen diesen Argumenten ohne weitere Prüfung. Dieses System funktioniert so auf keiner demokratischen Basis, sondern ist in sich selbst bereits unrechtmäßig und kriminell.

Der Bürger musste sogar befürchten, im Falle einer Dienstaufsichtsbeschwerde auch von anderen Abteilungen und Bereichen dieser Verwaltung regelrecht verfolgt und gemobbt zu werden mit allen Mitteln, die diesen Verwaltungen zu Verfügung steht. Unter den Suchbegriffen wie Amtsmissbrauch, Amtswillkür u.a.m. kann man sich in den Suchmaschinen zehntausende Links abrufen, wie unter vorsätzlicher Verletzung geltenden Rechts durch Verwaltungen hochkriminell genötigt, gelogen, betrogen und der Bürger um das ihm zustehende Recht gebracht wird. (12)

c) Eine Art WikiLeaks für die Mitarbeiter der Verwaltungen einrichten, wo sie sich anonym zu Mobbing und Behinderung im Dienst äußern können sowie Vorschläge zur Verbesserung der Arbeitsmoral und der Abläufe im Sachbereich oder sinnvoller Änderung von Gesetzen o.ä. einbringen können, ohne wie Inge Hannemann befürchten zu müssen, dafür verfolgt und ausgestoßen zu werden.

Damit würde die Grundlage für Veränderungen von

innen her geschaffen werden. Ein Teil der Mitarbeiter würde wieder motiviert mit Freude, Kreativität, Verantwortungs- und Leistungsbereitschaft seiner Tätigkeit nachgehen und den eingeschlagenen Prozess weiter begünstigen.

d) Zur Transparenz gehören u.a. auch die Forderungen von „Mehr Demokratie e.V." (9) sowie Forderungen zu Basisdemokratie und mehr Mitbestimmung der Bürger.
Das würde auch die öffentliche Mitwirkung bei der Erarbeitung von Gesetzen betreffen.

e) Einführung von öffentlichen Wahlen für Richter und die Besetzung der Leitungspositionen von Verwaltungen analog der Regelungen in den USA, um Vetternwirtschaft, Lobbyismus und Parteiengeklüngel einen Riegel vorzuschieben.

 f) Mehr als einfach nur erwünscht würden auch der Geheimnsikrämerei und der Verschleierung größtenteils der Kampf angesagt und der weiteren Entwicklung der Demokratie eine echte Chance geboten.

Bei der Umsetzung dieser Punkte muss man natürlich die betreffenden Mitarbeiter auf irgendeine Art erst einmal darüber informieren. Dazu sollten wir Partnerschaften mit Gewerkschaften und Betriebsräten suchen und eingehen.

Die öffentliche Beteiligung zu vielen politischen bzw. gesellschaftlichen Themen wie in der Vergangenheit Stuttgart 21, wie Endlager Gorleben, wie Hauptbahnhof Berlin, wie Großflughafen, Lärm in Einflugschneisen usw. hätte damit eine völlig neue Basis.

B. In Unternehmen

Darüber hinaus kann diese Transparenz genauso von Unternehmen gefordert werden. Die VW-Affäre, zur FIFA oder dem DFB und viele andere zeigen, dass Veränderungen auf diesem Wege möglich sind, wenn man die notwendigen Werkzeuge wie bereits im Abschnitt Verwaltungen genannt dafür zur Verfügung stellt.

Vor allem bei Lebensmitteln sowie Fair Trade wird diese Transparenz bereits seit langem gefordert.

Julius Assange und Edward Snowden haben es doch vorgemacht, wie es funktioniert und wie wirkungsvoll der Einsatz derartiger Mittel ist. (25)

Beispiele finden sich u.a. unter http://www.initiativ-network.lima-city.de - Links zu Informationsseiten

Beispiele: Wikileaks, Lobbycontrol, Abgeordnetenwatch, Murks-nein danke, finance-watch, fairness check, avaaz, campact und viele andere mehr. (10)

Schwerpunkte der Forderungen der Bürger können neben gesünderen Lebensmitteln (McDonalds u.a. haben bereits darauf intensiv reagiert!), einem fairen Preis, Langlebigkeit, Servicefreundlichkeit, bessere Bedienbarkeit, fair trade und vieles andere sein. Es lohnt sich für alle! Wir müssen es nur tun!

Es muss weiterhin irgendwann Schluss sein mit unnötigen medizinischen Operationen, die für die Betroffenen nicht selten lebensgefährlich und sehr nachteilig sind, sondern auch unseren Krankenkassen viel Geld kosten.

Es muss Schluss sein mit falschen Gutachten für die Zulassung unwirksamer Medikamente.

Und Gutachter müssen endlich für falsche Gutachten zur Verantwortung gezogen werden.

Es muss auch bei den gemeinnützigen Unternehmen Schluss sein mit der Gründung von Scheinfirmen, in die überschüssige Mittel in private Taschen fließen anstatt den beschäftigten und ihren Klienten zur Verfügung zum stehen.

Das sind alles kriminelle Betrügereien im großen Stil, die endlich strafrechtlich verfolgt werden müssen.

Aber es kann auch nicht sein, dass z.B. Gerichte mit ihren „unabhängigen" Gutachtern selbst gegen grundlegendes Recht verstoßen. Hier sollten die Gutachter von einer unabhängigen Stelle beauftragt werden, die mit dem Ausgang der Prozesse selbst nichts zu tun hat! (26)

Genau so müssen die Erzeuger von

Finanzprodukten, die die Kunden täuschen und betrügen oder der Gesellschaft großen Schaden zufügen, wie mit den Derivaten oder den Hedge Fonds, die die große Finanzkrise hervorgerufen haben, vor Gericht gestellt werden wie in Island und ihnen die Zulassung mit sofortiger Wirkung entzogen werden. (6)

Schluss mit Lebensmittelspekulationen, die das Leben von Millionen Menschen bedrohen! Sperrt sie für viele Jahre hinter Gitter und lasst sie nie wieder raus. Es sind Verbrecher an den Völkern!

Es muss einen Rahmen geben, innerhalb dessen die Finanzdienstleister Produkte und Leistungen entwickeln dürfen. Dieser kriminelle Wildwuchs bei den Finanzprodukten ist ja so ähnlich, als wenn jeder ohne Fahrerlaubnis sich im Straßenverkehr nach eigenem Ermessen und Gutdünken bewegt. Da gibt es doch Regeln und einen Handlungsrahmen. Und wer einen Unfall baut wird nicht einmal dafür belangt, sondern bekommt den verursachten Schaden sogar noch von der Regierung ersetzt? Verkehrte Welt.

Warum geht die Verfolgung der internationalen Großkriminellen nicht? Die Schäden, die Goldman Sachs & Co., aber auch die Trader von der Deutschen Bank in den Ländern angerichtet haben gehören vor ein internationales Tribunal!
Hier wird weltweit Krieg mit neuen Mitteln geführt.

Die riesigen Schäden sollten ähnlich wie bei einem Kriegsverbrechertribunal geahndet werden! Solange da nichts passiert werden uns diese Großkriminellen und Wirtschaftskriegsverbrecher weitere riesige Schäden zufügen.

Es liegt doch nur an uns. Wir fordern es nicht, also muss auch niemand reagieren und alle machen weiter wie bisher! Zu unserer aller Schaden! Fordern wir unser Recht, vertreten wir unsere Interessen anstatt nur über die schlechten Verhältnisse zu meckern und ansonsten untätig zu bleiben. Unsere Regierungen mit ihren direkten Drähten und Abhängigkeiten zu den Lobbyisten werden das nicht tun. Das müssen wir erkämpfen. Das sind unsere Interessen und unser Recht! Es wird niemand für uns tun, wenn wir es nicht selbst tun!

Manipulationen

In meinem Buch „Bildung und Manipulation" (11) habe ich die Ursachen, die Funktionsweise und die Wirksamkeit der alltäglichen Manipulationen an vielen Beispielen aufgezeigt. Ein großer Schwerpunkt darin ist die Manipulation in der Alltagspolitik.

Wer sich noch weiter in diese Materie einarbeiten will kann sich zusätzlich mein Buch Hypnose und Suggestion (14) zu Gemüte führen. Hier wird im Detail erklärt, wie unser Unbewusstsein funktioniert und wie Suggestionen aufgebaut werden und wirken. Absolut spannend! Versprochen!

Für uns kommt es darauf an, unsere Mitstreiter sachkundig zu machen und gegen derartige Angriffe zu schützen! Wir müssen uns darüber informieren, uns damit auseinander setzen, unsere Menschen und uns davor schützen. Es macht sonst keiner, wenn wir es nicht selbst machen.

Medien

Unsere Medien sind zu großen Teilen entweder in der Hand großer Interessenverbände und unterliegen damit deren Planung oder sind ähnlich wie unsere Regierung unterwandert und kontaminiert von den Gegnern der Demokratie und den Befürwortern von Verdummung.

Aber es gibt ja heute genug Alternativen. Sowohl unter (13) als auch auf den Seiten der Bürgerbewegungen finden sich unendlich viele interessante Quellen, die gut recherchiert und sehr glaubwürdig sind.

Bei den anderen Medien muss man nach investigativem Journalismus Ausschau halten, will man der Doku oder der Zeitung Glauben schenken. Aber es gibt noch genug Quellen, bei denen ich mich sachkundig mache und mir auch der Spaß beim Lesen oder Zuschauen nicht vergeht. Hier ist aber jeder selbst verantwortlich: Ähnlich dem Sprichwort:

Du bist was Du isst kann man das auch auf die geistige Nahrung übertragen.

Wer da keine hohen Anforderungen an sich selbst stellt kann ja dann immer noch zu Pegida & Co. oder sich von der IS vereinnahmen lassen oder RTL Berlin bei Tag und Nacht, Verklag mich doch, Bild-Zeitung und ähnlichen Schwachsinn konsumieren und sich noch weiter verdummen lassen, soweit das dann überhaupt noch möglich ist..

Da es kein Anderer macht müssen wir unseren Menschen so gut wie möglich dieses vermitteln und sie für eine aktive Teilnahme zur Durchsetzung ihrer ureigensten Interessen gemeinsam mit uns gewinnen.

5. Praktische Umsetzung

Für alle demokratischen Bürgerbewegungen sollten folgende 3 Ziele Grundlage des Handelns sein:

- Erhaltung unserer Erde und Bewahrung der Natur

- Weiterentwicklung unserer Demokratie, besonders der Basisdemokratie und der Mitspracherechte

- Entwicklung einer Politik des Gemeinwohls.

Alle 3 Ziele sind nur als Paket zu haben. Keines der 3 genannten Ziele lässt sich allein ohne die anderen Beiden nachhaltig und erfolgreich realisieren.

In den Zielstellungen sollten also diese 3 Zielstellungen enthalten sein zusammen mit den auf die konkrete Bürgerbewegung zugeschnittenen Zielen.

Weiter sollte die

- Information und Aufklärung von Bürgern und

-die Gewinnung von Aktiven sowie die weitere

- Vernetzung und Zusammenschlüsse

in den Zielen konkret benannt sein als Information und Handlungsanleitung für alle Beteiligten. Wer keine konkreten benannten Ziele hat kann auch nur durch Zufall gute Ergebnisse erreichen.

Praktische Anleitungen für die organisatorische Arbeit vor Ort bietet u.a. (27)

Hier eine kurze Aufzählung von Zielen und Programmen von Bürgerbewegungen, die zum Teil die oben genannten Ziele verfolgen:

- Die kommende Demokratie: Sozialismus 2.0; Zu den Aufgaben und Möglichkeiten einer Partei der Zukunft im Europa von Morgen - Manifest von Katja Kipping und Bernd Riexinger (28)

- Die Gemeinwohl-Ökonomie von Christian Felber (29)

- Die Global Marshall Plan Initiative (30)

- Akademie Solidarische Ökonomie (31)

- Akademie für Demokratieentwicklung und Zukunftsforschung (32)

- Attac (33)

- Bund für Umwelt und Naturschutz Deutschland e.V. (BUND) (34)

- Netzwerk Wachstumswende (35)

- transition town (36)

- Die DeGrowth-Bewegung (37)

- Solikon-Kongresse TU Berlin (38)

- Mehr Demokratie e.V. (39)

Diese Aufzählung ist nicht vollständig. Z.B. kämpfen die Bürgerinitiativen von Stuttgart 21, der Initiativen um Gorleben, gegen den Ausbau von Flughäfen und viele viele weitere mit ähnlichen Teilzielen. Diese vielen Aktiven aus den hunderten Initiativen gilt es für Zusammenschlüsse zu erreichen und zu einem gemeinsamen Handeln zu gewinnen.

Profitieren können davon alle! Eine Faust ist immer stärker und wirkungsvoller als ein einzelner Finger!

Wir haben den großen Vorteil, dass sich bereits viele Menschen aktiv an gesellschaftlichen Prozessen beteiligen. Jetzt sollten wir sie kontaktieren und für die nächste Stufe, für gemeinsame Ziele und Zusammenarbeit gewinnen.

Sowohl auf den Webseiten dieser aufgezählten Initiativen als auch unter (10) sowie dem Suchwort Bürgerinitiativen lassen sich viele weitere problemlos finden und recherchieren.

Der größte Teil dieser Bürgerbewegungen, ihrer Programme und Zielstellungen wurde bereits in meinem Buch Wachstumswende - weniger ist viel mehr? - Probleme und praktische Lösungen (40) im Detail aufgenommen und bewertet. Daher soll in diesem Buch darauf verzichtet werden.

Unter **www.akademie-dz.de** im Punkt „Bücher" können Sie diese kostenlos lesen.

Wir sollten aber auch hier nicht zu naiv sein. Erstens stellen die genannten Bürgerbewegungen nur die Ökonomie wie die Gemeinwohlökonomie oder die soldarische Ökonomie in den Mittelpunkt. Das ist zu wenig.
Wir brauchen eine gesellschaftlich anerkannte Gemeinwohlpolitik, die die Gemeinwohlökonomie als wichtigen Teil einschließt.
Die Forderungen nach Übernahme von Produktionseigentum in der Form der Genossenschaften erfüllen allein aber weder eine Gemeinwohl- noch eine solidarische Ökonomie.
Die heute existierenden Genossenschaften sind genauso auf Gewinn für ihre Mitglieder ausgerichtet wie andere kapitalistische Unternehmen auch.
Das muss ja auch kein Problem sein. Im folgenden Kapitel wird ein gesellschaftliches Szenario beschrieben, in dem viele verschiedene akteure

nebeneinander friedlich begegnen. Der politische Handlungsrahmen muss stimmen als Grundvoraussetzung jeglichen Handelns.

Eine weitere Stufe wäre die Forderung nach gemeinnützigen Unternehmen. Auch diese gibt es bereits seit langer Zeit, erfüllen aber häufig auch nicht die in sie gesetzten Erwartungen eines Gemeinwohls. Gegründete Scheinfirmen ziehen nicht selten jeden möglichen Euro aus diesen gemeinnützigen Unternehmen, so dass kein tatsächlicher Gewinn für die Gesellschaft oder die im Unternehmen betreuten Kunden oder Mitarbeiter verbleibt.

Mir bekannte Unternehmen dieser Art stehen sogar regelmäßig vor dem Konkurs, weil diese Spielchen aus nackter gier ständig überzogen werden.

Ähnliches trifft für Stiftungen zu, die meist nur dem Zweck geschuldet sind, Steuern zu sparen. Nach außen hui, innen …

Solche Konstrukte sind nur dann gewinnbringend für die Gesellschaft, wenn die Transparenz und die daraus folgenden Kontrollen und auch zu harten Konsequenzen führen.

Wichtig ist also der poltische Handlungsrahmen, die Transparenz mit der daraus erfolgten notwendigen Kontrollfunktion und den folgenden Konsequenzen.

6. Warum denn keine Revolution, sondern „nur" Evolution? Richtige Zielstellungen wählen!

In der Geschichte der Menschheit wurden immer wieder bei Übergängen Entscheidungen getroffen, wo nicht nur das Alte abgeschafft wurde, sondern gleichzeitig auch die bisherigen möglichen Vorteile gleich mit abgeschafft wurden. Es wurde von einem Extrem ins nächste gesteuert.

Die Linkspartei und mehrere Bürgerbewegungen wollen möglichst schnell den Kapitalismus abschaffen. Die Frage nach dem Sinn dieser Zielstellung darf aber gestellt werden.

Denn der bisher erfahrene Sozialismus hat auch nicht wirklich funktioniert. Die Themen Stalin, Mao und Pol Pot sollen hier mal ausgeklammert werden. Das war kein Sozialismus, sondern verheerende Psychopathie.

Der bisher gelebte Sozialismus war zwar eine Gesellschaft mit großer sozialer Sicherheit und gutem Bildungssystem. Das sind eindeutig sehr große Vorteile gegenüber allen anderen bekannten Gesellschaftsordnungen.

Aber er war gleichzeitig eine Gesellschaft, die nicht offen war, d.h., es war grundsätzlich alles verboten, was nicht in einem Gesetz ausdrücklich erlaubt war.

Und das war halt recht beschränkt.

Eine Gesellschaft, in der von einigen wenigen „Königen" Fehlentscheidungen von bedeutender Tragweite getroffen wurden zum Schaden und letztendlich Untergang des Sozialismus.

Die DDR war in den Fünfzigern weltweit führend in der Transistortechnik, und weiter? Wir haben Röhrenwerke gebaut!

Manfred von Ardenne entwickelte das Fernsehen serienreif und welchen Nutzen zog die Republik daraus?

Die in Dresden entwickelte 152 war damals das modernste Passagierflugzeug der Welt. (46) Aber sie war die direkte Konkurrentin der russischen Flugzeuge von Tupolew, Iljuschin und Antonow. Über den Absturz des Prototyps gibt es noch heute vielfältige Spekulationen.

Schlüsseltechnologien wurden entweder von den Machthabern aus Unwissen, Ignoranz und Arroganz nicht erkannt oder aus machtpolitischen Gründen zerstört. Und das innerhalb des sozialistischen Systems.

Ein System, in dem viele Funktionäre auch nur ihren ganz persönlichen Vorteil gesucht und gefunden haben und wo ein berufliches oder gesellschaftliches Vorwärtskommen nicht von Wissen, Können und

Persönlichkeit abhängig war, sondern von persönlichen Beziehungen und Seilschaften.

Eine Gesellschaft, die andere Meinungen mit roher Gewalt unterdrückt hat und die insgesamt wenig innovationsfreudig war, weil es weder einen richtigen Ansporn für Innovationen noch die notwendige Unterstützung dafür gab.
Wo viele Menschen ihre Kreativität und Schaffenskraft auch nicht einbringen konnten.

Die kaputten Straßen und die vielen Städte mit Wohngebieten, die grau in grau oder halb verfallen waren, selbst in den Nicht-Zentrumsgebieten in der Hauptstadt Berlin, will auch niemand mehr wieder haben. Gegenwärtig entwickeln wir uns aber gerade in diese Richtung wieder sehr stark!

Im Gegenzug war die kapitalistische Gesellschaft für fast alles offen, auch wenn damit ein riesiges Zerstörungspotential verbunden war und letztendlich 2 Weltkriege und viele weitere Kriege danach hervorgebracht hat mit vielen Millionen Toten und Elend ohne Ende.. Und wer dieses Potential besaß wollte es auch einsetzen. Das zeigen die vielen Kriege weltweit.

Aber keine Gesellschaft war bisher so innovationsfreudig und hat den Fortschritt in Wissenschaft und Fortschritt so extrem voran gepeitscht. Da konnte auch der Sozialismus im Wettbewerb nicht mithalten und hat letztendlich verloren.

Viele Aktive sehen in großen Konzernen nur die schlechte Seite. Beispiel google als Datensammelriese.

Aber google hat uns die beste Suchmaschine beschert, hat uns weiter hervorragende fortschrittliche Werkzeuge wie google Maps oder google Translate beschert, das kostenlose und quelloffene Betriebssystem Android als Gegenpart zu den teuren und proprietären Windows und Apple-Betriebssystemen gebracht und sorgt derzeit für den lange überfälligen Netzausbau in den USA, der für alle anderen nicht attraktiv genug war. Google stellt die meisten seiner Leistungen weltweit für alle kostenlos zur Verfügung! Was ist daran schlecht?

So könnte man sicher viele Unternehmen analysieren und die Vor- und die Nachteile für die Gesellschaft heraus arbeiten. Diesen Ansatz verfolgt z.B. die Gemeinwohlökonomie von Christian Felber.

In absehbarer Zeit ist auch keine revolutionäre Situation in Sicht, die als Ergebnis den Sozialismus bringen könnte.

Vielmehr sind viele Menschen zu einer Annäherung der Systeme bereit, die die Vorteile beider Systeme miteinander vereinen soll und die Nachteile möglichst vermeiden.

Das war ja bei der Konzeption der sozialen Marktwirtschaft oder der Konvergenztheorie zur Annäherung der beiden deutschen Staaten bis 1989 die ursprüngliche Zielstellung. Leider ist auch hier die Entwicklung anders verlaufen genau wie das Ahlener Programm der CDU von 1947.

Kurz zurück zum Beispiel google. Wer verbietet uns denn eigentlich, die Datensammelwut des Internetriesen auf ein erträgliches Maß einzudämmen?

Oder wer verbietet uns, Finanzprodukte zu verbieten, die unserer Gesellschaft schweren Schaden zufügen? Oder andersherum: wir können auch einen Handlungsrahmen für Finanzunternehmen schaffen, aus dem es kein Ausbrechen ohne die Androhung schwerer Strafen gibt. Warum haben wir nicht solche Zielstellungen? Und warum verfolgt niemand diese Schwerstkriminellen, die Griechenland, Portugal, Spanien und andere in so tiefe Krisen gestürzt haben?

Wer verbietet uns denn, die Steuerparadiese auszutrocknen, so dass die erwirtschafteten Gewinne, Steuern und Abgaben auch in den Erzeugerländern verbleiben und der Gesellschaft für die Lösung ihrer Aufgaben zur Verfügung stehen anstatt dass einigen wenigen Personen diese riesigen Finanzmittel kriminell privat abschöpfen?

Die gekauften Steuer-CDs sind ja ein erster Anfang. Aber hier trifft es nicht die Großen, sondern nur die die, die sich die Cayman-Inseln oder andere Steuerparadiese noch nicht leisten können. Die Steuer-CDs sind Peanuts im Vergleich zu den höchstkriminellen Machenschaften der wirklich Großen in der Branche. Hier geht es nicht um einige Millionen, sondern um hunderte von Milliarden, die den Ländern bei der Gestaltung ihrer Gesellschaft fehlen

Es gibt auch nicht den bösen Kapitalisten an und für sich.

Porst z.B. hat in seiner Ladenkette fast sozialistische Verhältnisse gehabt. Ein Bill Gates als einer der reichsten Männer der Welt hat das Ziel, größter Philanthrop der Geschichte zu werden. Dafür hat er bisher über 28 Milliarden Dollar gespendet. Über 400 Milliardäre weltweit haben sich seinem Aufruf angeschlossen. (41)

Es gibt einen Dachverband kritischer Aktionäre, die eine sinnvolle Unternehmenspolitik fördern. (42)

Warum soll man diese guten Angebote nicht annehmen und gemeinsam weiter entwickeln? Warum soll ich mir diese Menschen zum Feind machen?

Unternehmer sind also nicht von Grund auf böse Menschen.

Man muss aber denjenigen das Handwerk legen, die enorme Schäden an der Gesellschaft anrichten und die die Zukunft mit ihrer aggressiven Denkweise gefährden. Lasst uns diese gemeinsam an den Pranger stellen und die richtigen Konsequenzen zu spüren bekommen. Lasst uns gemeinsam mit unseren Verwaltungen wie z.B. den Finanzämtern oder der Justiz die Netzwerke an Scheinfirmen aufdecken, mit denen sie riesige Vermögen vor dem Fiskus höchstkriminell retten.

Das wäre die Einmischung, die hier im Buch unter Transparenz und den sich daraus ergebenden Konsequenzen als auch der parlamentarischen Mitarbeit der vereinten Bürgerbewegungen gemeint ist. Vorteile genießen und Nachteile beseitigen! Wer kann da etwas dagegen haben?

Betonköpfe, die besserwisserisch auf einer vorgefertigten Meinung beharren sind für eine progressive Entwicklung der Gesellschaft sowie so nur Hemmnisse.

Aber wir müssen genau so aktiv werde, wie unsere Gegner und nicht nur abwarten und zuschauen.

Und es geht nicht ohne parlamentarische Vertretung der Bürgerbewegungen national und international!

Denn wer macht denn heute sonst Gesetze in unserem Sinne? Ich kenne kaum Beispiele aus der Geschichte. Die derzeitigen Parlamente national und international vertreten nicht unsere Interessen! Auch die etablierten Parteien nicht! (43)

Auch nicht der europäische Rat, die EZB, der IWF oder die WHO oder andere derartige Einrichtungen.

Die Griechenland-Krise hat ganz deutlich aufgezeigt, wessen Interessen hier vertreten und gewahrt werden, auch an den Parlamenten vorbei, da die Troika keine parlamentarische Ermächtigung für ihr Handeln besitzt. Aber ihr Handeln wird vom Parlament geduldet! Sie ist eine Macht ohne (außer) Kontrolle! (44)

Diese vertreten alle nicht unsere Interessen. Wenn wir da was verändern wollen müssen wir an die Wurzeln des Übels, in die Parlamente! Wir müssen aktiv Gesetze mit auf den Weg bringen, die unsere Interessen widerspiegeln

Naivität und Blauäugigkeit in der Sache helfen uns hier nicht weiter!

Lasst uns also eine sinnvolle Evolution, Migration,

Konvergenz oder wie man das Kind auch immer benennen will machen. Lasst uns die besten Stücke auch für die Zukunft erhalten und alles, was uns in der Entwicklung schadet und hemmt Stück für Stück gemeinsam angehen und beseitigen.

Das hatten auch schon die alten Philosophen im Griechenland vor über 300 Jahren vorgeschlagen.

7. Kampf gegen rechte Entwicklungen lebensnotwendig

Die Unfähigkeit unserer Regierung bei der Bewältigung der vielen Krisen und das gegenwärtige Flüchtlingsdrama treiben viele Menschen zu Pegida, AfD und NPD, weil sie keine andere Alternative sehen.

Die etablierten Parteien richten derzeit durch ihre hilflose und zögerliche Politik großen Schaden am eigenen Ruf und der ganzen Gesellschaft an.

Vor allem junge Menschen fühlen sich durch die Zukunftslosigkeit, Ablehnung und Unmenschlichkeit des Systems zu Gruppierungen hingezogen, bei denen sie das zu erhalten hoffen, was ihnen in den anderen Bereichen verwehrt wird:

Kameradschaftlichkeit, Verständnis, gegenseitige Achtung, Solidarität u.a..

Kann man es ihnen verübeln? Dazu kommt erschwerend ein Bildungssystem, das bilden ohne erziehen will und viele junge Menschen verantwortungslos völlig unzureichend auf das Leben in der Gesellschaft vorbereitet. In meinem Buch: Bildung und Manipulation (45) habe ich die Probleme im Detail angesprochen und sinnvolle Lösungen vorgeschlagen.
So macht es z.B. keinen Sinn, die NPD zu verbieten.

Dazu gibt es ein Sprichwort: Verbote sind dazu da um gebrochen zu werden.

Statt der NPD wird es neue Namen geben, aber das Problem bleibt, da die Ursachen nicht beseitigt worden sind. Man hat nur das Aushängeschild verboten.

Vielmehr ist es dringend notwendig, diesen jungen Menschen andere Wege aufzuzeigen, wie sie ihre Vorstellungen vom Leben auch ohne die rechte Szene und ihren machthungrigen Demagogen und Lügnern an ihrer Spitze realisieren können.

Auch dafür brauchen wir ein neues Konzept für die Bildung mit dem notwendigen Part Erziehung an der Seite. Selbst die alten Griechen wussten schon vor über 3000 Jahren, dass das Eine ohne das Andere nicht funktioniert. Wir wissen halt alles besser und lernen kaum etwas aus der Geschichte.

Man sollte öfter mal neue Fehler machen, damit nicht so lange über die alten geredet wird?

In meinem Buch Bildung und Manipulation habe ich sinnvolle Lösungsansätze vorgeschlagen. Auch hier gilt wieder meine Aufforderung: wir müssen es tun, weil es niemand anderes für uns löst oder macht.
Wenn wir es nicht tun und wieder mal alles dem

Selbstlauf überlassen müssen wir uns nicht wundern, wenn wir wieder ähnliche Situationen wie in der Zeit von 1930 -33 zulassen.

Das haben wir uns dann aber selbst zuzuschreiben. Nichtwissen und Nichtstun schützt vor Strafe nicht.

Ein paar Demos gegen Rechts werden diese jungen Menschen, die denken, ein neues zu Hause gefunden zu haben, nicht überzeugen.

Vor uns steht die Aufgabe, ihnen dieses neue zu Hause ohne die rechte Szene zu bieten. Auch dazu sind weder unsere Regierung noch die etablierten Parteien in der Lage.

Und wir brauchen auch dafür ein funktionierendes Konzept wie im Buch vorn besprochen und aktive Mitstreiter für die erfolgreiche Umsetzung.

Das Bündnis gegen Rechts – BgR – sollte also neben Gegendemos vorrangig den Kampf für eine bessere Bildung und Erziehung aufnehmen und für ein sinnvolles und glückliches zu Hause für junge Menschen eintreten, dass diese nicht mehr in der rechten Szene finden müssen. Ein paar sinnvoll geleitete Jugendklubs mehr für die Freizeitgestaltung wären sicher auch nicht von Schaden.

Der Autor möchte hier nicht nur Besserwisser sein, sondern im Rahmen seiner persönlichen

Möglichkeiten auch aktive Hilfe allen interessierten Partnern anbieten.

Die Kontaktdaten sind unter www.akademie-dz.de im Impressum zu finden.

8. Warum wurden denn im Buch die Verwaltungen in den Mittelpunkt gerückt? Ein Nachtrag

Wenn wir in den Bürgerbewegungen uns über Demokratie verständigen wollen scheint jeder etwas anderes darunter zu verstehen.

Im Punkt 4.2. wurde bereits erklärt, dass die Verwaltungen die Werkzeuge der jeweils Herrschenden sind und über die Verwaltungen ihre Macht ausüben. Das ist ihre Zentrale!

Sehr viele Bürger haben im Laufe ihres Lebens bereits zum Teil sehr leidvolle Erfahrungen mit den unterschiedlichsten Verwaltungen machen müssen und haben sich dabei häufig ungerecht behandelt gefühlt. Verwaltungen scheinen dabei dem Bürger offen feindlich gegenüber zu stehen. Die vielen Links, die man in den Suchmaschinen zu den Suchbegriffen Amtsmissbrauch, Behördenwillkür u.a. findet scheinen das zu bestätigen. Auch Norbert Blüm (26) prangert die deutsche Justiz als Instrument der Willkür heftig an. (48)

Der Prozess um die NSU oder die Berichte der Untersuchungsausschüsse zur NPD weisen darauf hin, dass NSU und NPD ohne direkte finanzielle und logistische Hilfe des Verfassungsschutzes gar nicht lebensfähig gewesen wären.

Die Enthüllungen zum BND verstärken diese

Eindrücke weiter. (51)

So würde es z.B. der Linkspartei wenig nutzen, wenn sie an die Regierung kommen würde, wenn in Verwaltungen ein Nazi-Geist herrscht und alle der Linkspartei feindlich gegenüber stünden. Auch im Punkt „Analyse des Iststandes" wurde von einer linksfeindlichen Verwaltung berichtet, die die rechte Szene schützt und fördert. Der Linkspartei würden von den Verwaltungen unendlich viele Hürden in den Weg gestellt, die letztendlich zum Scheitern einer linken und sozialen Politik führen müssen.

Nun kommt es darauf an, wer zu den Werkzeugen den Zugriff besitzt. Wege, mit denen wir als demokratische Bürgerbewegungen Zugriff auf diese Werkzeuge ohne körperliche Gewalt erlangen können wurden im Buch beschrieben.

Wenn wir die Verwaltungen so ändern können, dass sowohl die Mitarbeiter dieser Verwaltungen sich in ihrem Beruf wesentlich wohler fühlen und ihrer Verantwortung gegenüber dem Bürger besser gerecht werden und sich auch die Bürger von den Mitarbeitern der Verwaltungen besser betreut fühlen (das ist ja die eigentliche Hauptaufgabe der Mitarbeiter) dann erhalten beide Seiten ein besseres Verständnis für Demokratie, Basisdemokratie und Mitbestimmung. Und die Bürgerbewegungen hätten Millionen Menschen mehr, die diesen Prozess verstehen und möglicherweise aktiv mitgestalten.

Gleichzeitig würden die Mitarbeiter dieser Verwaltungen mehr Einfluss auf die Gesetzgebung nehmen und Machenschaften und Gemeinwohlschädigendes Verhalten sowohl in der Politik als auch in Unternehmen aufdecken und sich dagegen stellen.
Daher sollten Transparenz und die Gewinnung der Verwaltungen die ersten zentralen Ziele als Grundlage bei der weiteren Entwicklung der Demokratie sein, auf denen sich dann alle weiteren Aufgaben wesentlich besser und sinnvoller lösen lassen wie z.B. Klimaerhaltung, Wachstumswende, soziales und kulturelle Leben, Bildung, Gesundheit, Altersabsicherung, Arbeitsplatzabsicherung usw.

Die gleichen Lösungen wie für die Verwaltungen können aber gegenüber den Unternehmen angewandt werden, um die Bedürfnisse nach Transparenz, Qualität, fairen Preisen, Servicefreundlichkeit, Lobbyismus, Korruption u.a. wesentlich besser zu erfüllen als gegenwärtig und sich gegen Lobbyismus, Korruption usw. wenden. Vor allem im Gesundheitswesen, der Pharma- und der Lebensmittelindustrie sind die derzeitigen großen Mängel zu beseitigen, die u.a. bis zu Todesfällen oder erheblichen Gesundheitsschäden in der Vergangenheit geführt haben.

Manager in der Pharmaindustrie, die wichtige

Studien und Gutachten zurück halten oder verfälschen oder Ärzte, die ihren Patienten sinnlose Operationen aufschwatzen gehören vor eine Gericht wegen Betrugs, meist im großen Stil, wegen Körperverletzung usw. Wir müssen es nur nachdrücklich fordern – wir alle zusammen!

Damit scheinen sich Wege zu eröffnen, die es den 99 % unserer Menschen (50) ermöglichen, diese Gesellschaft zu ihren Gunsten zu verändern.

Das Konzept steht, die Lösungen sind vorhanden. Jetzt liegt es nur noch an uns, ob wir es tun oder es lassen, denn ohne unser TUN wird sich für uns nichts verbessern ganz im Gegenteil.

Unterlasser haben nicht die geringste Chance. Sie gehören von Beginn an zu den Verlierern!

Lasst uns also gemeinsam miteinander zusammen arbeiten, das Konzept abstimmen und TUN!

Marx hat nach wie vor recht und ist hochaktuell. Unseren Gegner gelingt es mit der Zeit nur immer besser, ihre Ziele zu verschleiern. (11)

Lassen wir uns nicht verdummen und manipulieren, sondern eignen uns aktiv das notwendige Wissen und Können an und lernen aus den Erfahrungen und der Geschichte! Jemand anderes wird uns nicht helfen, sondern nur noch mehr Schaden anrichten. Tun wir was dagegen und helfen uns selbst!

9. Träumen dürfen

Stellt euch vor, wir hätten die Verwaltungen auf unserer Seite als Werkzeug und neue Überzeugungstäter für Demokratie und Gemeinwohlpolitik und mit dieser Basis den größten Teil unserer Menschen von der Richtigkeit unseres Weges überzeugt

Was könnten wir damit alles erreichen und was wollen wir überhaupt erreichen?

Nun, Verwaltungen gibt es nicht nur Deutschland. Und dass Deutschland allein nicht die weltweiten Probleme lösen kann ist auch verständlich. Es muss weit über unsere Landesgrenzen hinaus gehen.

Als langfristige Ziele sehe ich nicht die Frage, ob wir einen Sozialismus oder Kommunismus wollen. Diese Frage habe ich bereits weiter vorn andiskutiert.
Aber es die Frage nach dem Eigentum erlaubt.

Aus meinem Buch „Wachstumswende – weniger ist viel mehr? Probleme und praktische Lösungen für eine lebenswerte und zukunftsfähige Demokratie.
Information und Handlungsanleitung für Bürgerinitiativen und Interessenten" ist das folgende Kapitel.

Fragen nach Eigentum und Macht

Egal, in welcher Gesellschaftsepoche man recherchiert findet man immer wieder diese beiden Grundziele, die eine gerechte Entwicklung der Gesellschaft ausbremsen und verhindern: das Streben nach Eigentum und das Streben nach Macht.

Nun, woher haben denn nun die Reichen und Mächtigen Ihren Reichtum und ihre Macht?

Durch Räuberische Überfälle und Kriege in der Vergangenheit und durch Ausbeutung anderer Menschen.

Es liegt an uns ganz allein, ob wir das tolerieren oder wir uns dagegen wehren und dieses auf Totschlag und Ausbeutung beruhende Eigentum wieder aberkennen, da es mit unseren moralischen und gesellschaftlichen Prinzipien unvereinbar ist.

Und es ist für die Reichen eine Frage des Überlebens und des Erhalts ihres Reichtums, dass sie diesen mit Macht absichern und demzufolge neben dem Streben nach Reichtum auch nach Macht streben müssen.

In der Geschichte der USA wollten mehrfach Präsidenten große Konzerne und Kartelle zerschlagen.

Der erste große Angriff war der Sherman Antitrust Act, der die großen Kartelle von Rockefeller, Andrew Carnegie und Rothschild zerschlagen wollte.

Der zweite Angriff war der New Deal unter Präsident Franklin D. Roosevelt.

Auch in Deutschland zielte das Programm der CDU von 1947 auf eine Zerschlagung der großen Konzerne und ihres Machtmissbrauchs.

Um ihren Reichtum zu sichern und der Zerschlagung ihrer Kartelle zu entgehen entwickelten die Konzernchefs eigene Strategien und Taktiken.

Mit dem ersten und dem zweiten Weltkrieg ist das Wort von Karl Marx:

„Das Kapital hat einen Horror vor Abwesenheit von Profit oder sehr kleinem Profit, wie die Natur vor der Leere. Mit entsprechendem Profit wird Kapital kühn. Zehn Prozent sicher, und man kann es überall anwenden; 20 Prozent, es wird lebhaft; 50 Prozent, positiv waghalsig; für 100 Prozent stampft es alle menschlichen Gesetze unter seinen Fuß; 300 Prozent, und es existiert kein Verbrechen, das es nicht riskiert, selbst auf Gefahr des Galgens. Wenn Tumult und Streit Profit bringen, wird es sie beide encouragieren.“

Selbst im Sozialismus war vielen kommunistischen Kadern ihr ganz persönliches Wohl und damit die Sicherung von persönlichem Wohlstand und Macht wichtiger als ihr politischer Auftrag des Volkes. Gleichzeitig wurden die gesellschaftlichen Lehren nicht weiter entwickelt, sondern gehandhabt wie ein Glaube „Die Partei hat immer recht!".

Das größte Problem bei der weiteren Entwicklung unserer Gesellschaft ist also die Abschaffung des persönlichen Eigentums.

Mit dem heutigen gesellschaftlichen Bewusstseins des übergroßen Teils der Menschen weltweit werden wir in absehbarer Zeit den Tanz ums goldene Kalb nicht beenden können.
Dieser Tanz kann erst beendet werden, wenn für diese Menschen bessere Alternativen in Aussicht gestellt werden können. Solange es diesen Menschen nicht tatsächlich schlecht geht werden sie sich immer wieder mit den Missständen irgendwie arrangieren anstatt für ihre ureigensten Rechte einzutreten und zu kämpfen.

Ich schlage folgende Thesen und Fragen für einen gesellschaftlichen Diskurs zum Thema gesellschaftliches und privates Eigentum vor:

1) Grund und Boden sowie die Reichtümer der Natur gehören ja erst mal innerhalb der Grenzen eines Landes dem Volk bzw. der Gesellschaft.

2) Findest Du es richtig, dass die Regierung diese Reichtümer verkauft, so dass sie unserem Volk für

immer entzogen werden oder wärst Du dafür, dass die Reichtümer unseres Landes generell nicht in Privatbesitz sind, sondern statt dessen nur z.B. vermietet oder verpachtet werden?

3) Ist unsere Regierung durch unser Volk überhaupt befugt, gemeinsames Eigentum zu verkaufen, so dass es für immer in Privatbesitz übergeht und unserem Volk damit für immer nicht mehr zur Verfügung steht? Wer hat sie dazu befugt?

4) Können Privatbesitzer mit ihrem Eigentum tun und lassen, was sie wollen, oder sollte es dafür auch gesellschaftliche Regeln und Normen geben wie Umweltschutz, Renaturalisierung nach der Ausbeutung von Bodenschätzen usw.?

Thema: Privatisierung von gesellschaftlichem Eigentum

These: wenn der Staat Krankenhäuser und Kliniken verkauft (also privatisiert und der dann private Eigentümer oder Aktienbesitzer an einer Maximierung seines Profits interessiert ist): Fragen:

5) Werden dann die Behandlungskosten niedriger oder höher als vorher?

6) Werden zu den gleichen Kosten die Behandlungen

der Kranken bzw. die Qualität und der Umfang der Behandlungen besser?

These: Der Staat verkauft Schienennetze, Straßen und Autobahnen und schiffbare Gewässer. Fragen:

7) Werden nach dem Verkauf die Kosten für die Benutzer und die Qualität des Angebotes besser?

These: der Staat bzw. die Kommunen verkaufen gesellschaftliches Eigentum und mieten oder leasen es danach zurück. Frage:
8) Werden auf diese Weise mittel- und langfristig Kosten gesenkt, das Angebot oder die Qualität verbessert?

9) Werden bei dem Verkauf von Sozialwohnungen für Geringverdienende für diese nach dem Verkauf die Bedingungen besser, z.B. die Miete gesenkt oder die Wohnverhältnisse besser?

These: Wenn bei einer Privatisierung von gesellschaftlichem Eigentum für die Gesellschaft ausschließlich ganz erhebliche Nachteile auftreten: Fragen:

10) Wer befugt denn den Staat oder die Kommunen, derartige gesellschaftsschädigende Geschäfte abzuschließen und welche Motive haben denn die daran handelnden Politiker???????

Wer belügt und betrügt wen? Warum werden diese kriminellen Politbetrüger dafür nicht zu Verantwortung gezogen?

Welche Fragen fallen Dir dazu noch ein sowohl bei unserer generellen Staatspolitik als auch bei der Kommunalpolitik vor Ort? (Beispiele: Wasser, Heizung und Energie, Abfall- und Umweltindustrie, Bildung, Kinderbetreuung, Altenpflege usw.)

Weitere langfristige Ziele

Wenn die von der Gesellschaft erwirtschafteten Mittel statt in Kriege, in die Rettung maroder Banken durch den Ausgleich von Zockerschulden von Mafia & Co. oder der meist hochkriminellen Abschöpfung der Gewinne am Staat vorbei (Beispiel Steuerparadiese) alle unserer Gesellschaft zur Verfügung stehen würden lassen sich ganz andere Aufgaben lösen, als uns derzeit bewusst ist. Mit den hier genannten Zielen lassen sich aber keine riesigen Gewinne erzielen. Daher ist eine Gemeinwohlpolitik unbedingte Voraussetzung für die Weiterentwicklung unserer Gesellschaft. Neoliberalismus, unbegrenztes Wachstum und unbegrenzte Ausbeutung sind keine Basis für eine Weiterentwicklung der Menschheit.

Die in absehbarer Zeit zu lösenden Ziele sind ja ganz am Anfang bereits benannt:

- Klimarettung auf der Basis der Wachstumswende

- Beenden aller kriegerischen Auseinandersetzungen und Einleitung einer Politik des friedlichen Zusammenlebens

- Lösen der weltweiten Probleme Hunger, sauberes Trinkwasser, Krankheiten, Armut

- Sicherung der Arbeitsplätze für alle (Das ist auch Gemeinwohlplitik!).

Darüber hinaus können mit einer internationalen gemeinsamen Gemeinwohlpolitik weitere große Aufgaben gelöst werden:

-   schnellstmöglicher weiterer Ausbau der alternativen Energien als Grundlage der Beendigung von Kohle, Erdöl, Gas und auch ökonomisch beste und preiswerteste Basis für die Produktion und Sicherung des Wohlstandes.

- Da wir bei einer Politik des Gemeinwohls alle unsere Menschen als aktive Mitgestalter benötigen brauchen wir über eine ganze Zeit wesentlich mehr Sozialarbeiter, Pädagogen, Psychologen, die unseren Menschen das Umdenken und das aktive Gestalten erleichtern. In meinem Buch „Psychologie leicht erklärt: Band 1 „Bildung und Manipulation" habe ich zu diesem Thema ausführlich Stellung bezogen.

- Um der Versteppung/ Verwüstung unserer Erde Einhalt zu gebieten ist eine effektive Bewässerung auf der Basis des Ausbaus der alternativen Energien notwendig. Diese Bewässerung kann durch die Gewinnung aus der Luft, durch Meerwasserentsalzung u.a. geschehen.

- Mit einer neuen internationalen Gemeinwohlpolitik sind Großprojekte neuen Ausmaßes denkbar. So ließen sich zur Steuerung und besseren Beherrschung des Klimas einerseits über riesige steuerbare Flächen zur Abschattung zwischen Erde und Sonne sowohl die Austrocknung großer Landstriche vermeiden als auch eine zu starke Erwärmung der Ozeane, die derzeit zu immer verheerenderen Stürmen/ Tornados/ Hurrikans führt, vermeiden.
Die Pole könnten abgedunkelt werden zur Regeneration der Eisschichten und zur Vermeidung des Ansteigens des Meeresspiegels.

Andererseits können riesige gesteuerte Spiegelflächen Flächen zu jeder beliebigen Zeit beleuchten, um die Witterung in ungewollt kalten Gebieten zu erwärmen. Die Kosten für derartige Großprojekte sind allerdings nicht von einzelnen Ländern zu tragen. Allein die dafür notwendige Weiterentwicklung der Raumfahrt bis hin zur Ausbeutung von Meteoriten zur notwendigen Materialgewinnung wird großer Anstrengungen bedürfen.

Aber wenn wir die Wachstumswende bewältigen und sinnlose Produktion abschaffen, wenn wir endlich das mit der Jahrtausendwende erwartete papierlose Büro haben, wenn mit den alternativen Energien endlich unbegrenzte und billige Energie zur Verfügung steht, wenn nicht jeder mehr ein eigenes Auto besitzen muss sondern über Carsharing und Tauschringe bzw. weitere Sharing-Systeme viele bessere Möglichkeiten als die Eigentumsoption zur Verfügung stehen, die nicht nur weniger Wachstum, sondern auch weniger Kosten und Aufwand für den Nutzer bedeuten (weniger ist mehr), wenn die am Anfang dieses Abschnitts genannten Mittel endlich in der Gesellschaft verbleiben, wenn nicht hunderte Teams weltweit in der Forschung mit einem riesigen Aufwand und finanziellen Mitteln an der selben Aufgabe forschen und die Ergebnisse voreinander geheim halten und vieles andere Sinnlose mehr, dann lassen sich auch alle diese Träumereien verwirklichen.

Weitere Träumereien sind an dieser nicht nur erlaubt, sondern sogar ausdrücklich erwünscht.

Grundlage für die Erfüllung aller unserer Träume ist aber, dass wir endlich gemeinsam unser Wohl und unsere Zukunft verantwortungsbewusst selbst in die Hand nehmen und es nicht mehr Anderen überlassen und unsere Zukunft damit weiter verschlafen.

Wir müssen es doch nur tun - bei Strafe unseres Untergangs!

Wir müssen die Verantwortung für uns selbst endlich übernehmen!

10. Wachstumswende: weniger ist mehr und besser!

Weniger Wachstum verknüpft sich für viele Menschen mit der Vorstellung, schlechter als vorher leben zu müssen.

Dieses Denken resultiert u.a. daraus, dass es wie bei der Demokratieentwicklung keine umfassenden Konzepte zur Wachstumswende gibt, sondern auch hier nur Stückwerk, das nicht zusammen passt.

Daher soll an dieser Stelle eine Analyse und Synthese zu diesem Schwerpunkt erfolgen und Denkanstöße für Konzepte gegeben werden.

Das bisherige kapitalistische Gesellschaftssystem bzw. die Marktwirtschaft geht von einem unbegrenzten Wachstum aus. Ohne dieses unbegrenzte Wachstum sind diese Gesellschaftsmodelle nicht überlebensfähig.

Sehr viele sinnlose Entscheidungen werden daher getroffen, die einer Verringerung des Verbrauchs von wertvollen Ressourcen, aber auch der gesellschaftlichen Entwicklung stark hinderlich sind.

Andere Denkkonzepte schaffen nicht nur weniger Verbrauch, sondern sogar wesentlich größeren Wohlstand und Wohlergehen für den Großteil der Bürger. Sie haben nur einen einzigen Nachteil: man kann an ihnen keine riesigen Profite mehr verdienen!

Die Ergebnisse kommen allen Anderen zugute, die nichts an der Vermarktung dieser Denkweisen verdienen.

Die folgenden Gedanken setzen eine völlige Umstrukturierung unserer Gesellschaft voraus, die als Ergebnis ein wesentlich besseres Wohl aller Menschen zum Ziel hat.

a) Das papierlose Büro. Dieses Ziel sollte bereits zur Jahrtausendwende realisiert sein. Ergebnis bis heute fast null. Hier würden sowohl riesige Mengen Papier als auch Energie und Arbeitsplätze eingespart werden können. Das braucht sicher nicht weiter erklärt zu werden.

b) Behörden ohne Besuchszeiten. Mit dem papierlosen Büro kann parallel die Begleitung der Bürger durch viele Ämter und Behörden auch ohne den aufwändigen Besuch der Bürger in der Einrichtung erfolgen.
Lösungen für andere Arten der Betreuung gibt es viele wie z.B. per E-Mail, Internet-Chat, Web-Konferenzen usw.
Das spart nicht nur Arbeitsplätze in diesen Einrichtungen. Diese Leistungen müssen nicht mal vom Ort der Einrichtung erfolgen, sondern können von jedem Ort aus organisiert werden, die per Internet erreichbar sind. Ausfall von Arbeitszeiten,

Opfern von Freizeit, aufwändige Transporte und vieles andere mehr würden damit wegfallen.

c) Tauschen und Teilen statt kaufen und konsumieren. Diese Strategien setzen sich vor allem bei jungen Menschen heute immer mehr durch.

Es macht keinen Sinn, dass jeder sein eigenes Auto besitzt, das nicht nur in der Anschaffung viel kostet, sondern über Versicherung, Steuern, Werkstatt usw. auch über die Zeit enorm viel Geld kostet und bei vielen Menschen die meiste Zeit ungenutzt steht, dabei aber ständig an Wert verliert. Zusätzlich werden noch wertvolle Parkflächen in den Innenstädten von solchen ungenutzten Fahrzeugen blockiert.

Das jetzt entstehende Car-Sharing-System bietet hier angenehme Alternativen. Ich benutze ein Fahrzeug nur dann, wenn ich es tatsächlich zum Fahren benötige und zahle auch nur für diese Zeit und habe ansonsten keinerlei Verantwortung mehr dafür.

Das macht für alle hochwertigen Konsumgüter Sinn, die ich selbst nur selten benötige. Es gibt ja bereits Stationen für Fahrräder, Mopeds oder Ausleihstationen für Werkzeug usw.

So kann ich mir z.B. in Mehrfamilienhäusern vorstellen, dass hochwertige Werkzeuge wie Bohrhämmer u.a. gemeinsam angeschafft und genutzt werden.

d) Die Ausbildung an höheren Schulen muss bis auf notwendige Praktika nicht an einem bestimmten Ort für sehr viel Geld auf beiden Seiten stattfinden.

Über Vorlesungen vom Server der Uni oder Videokonferenzen können Studierende/ Lernende zu Hause möglicherweise viel bessere Lernbedingungen haben, als in einem äußerst unbequemen Hörsaalplatz.

Selbst viele praktische Übungen lassen sich bereits heute per virtueller Realität zu Hause am Rechner durchführen.

Es ist nicht notwendig, dass bei dem heutigen Stand von Wissenschaft und Technik dieser riesige Aufwand bei der Bereitstellung von Unterrichtsräumen, aber auch Wohnraum vor Ort sowie der große bisher sinnlose Aufwand beim Transport geleistet werden muss. Zweitwohnungen können daher wegfallen und die Städte mit den Ausbildungseinrichtungen werden entlastet.

e) Wie im Punkt a) bei den Ämtern und Behörden bereits benannt lassen sich viele Verwaltungsaufgaben dezentral lösen.
Die Einrichtungen, die nur über das Internet erreichbar sind wie z.B. eine ganze Reihe Versicherungen zeigen bereits heute, wie das funktioniert.
Auch in den Firmen können Verwaltungen durchaus ausgelagert werden. Auslagern heißt in diesem Falle

nicht zwangsläufig die Auslagerung von Arbeitsplätzen mit allen Konsequenzen, sondern nur, dass der Ort des Arbeitsplatzes z.B. auch zu Hause beim Arbeitnehmer sein kann.

f) Dezentrale Produktion. Neue Technologien wie 3D-Druck, aber auch die fortschreitende Automatisierung und Steuerung kleiner Maschinen bei ständig sinkenden Preisen machen eine Herstellung vieler Produkte auch außerhalb der großen Unternehmen immer attraktiver.
Transporte von Rohmaterial und Fertigerzeugnissen werden damit verringert.

Die bisherige Produktion in großen Unternehmen wird damit immer dezentralisierter und unattraktiver.

Das beste Beispiel liefert dazu die dezentralisierte Energieerzeugung aus alternativen Energien direkt vor Ort beim Verbraucher.

g) Mode. Mode ist eine Form der Marktwirtschaft, um wesentlich mehr Produkte zu verkaufen, als der Mensch zur Befriedigung seiner Bedürfnisse tatsächlich benötigt. Über Mode wird also mehr Material und Arbeitskraft verbraucht, als notwendig ist.
Sinnvoller sind Lösungen, die für den betreffenden Menschen attraktiv und in gutem Preis-Leistungsverhältnis stehen. Dazu zählen auch die

Zuverlässigkeit, Servicefreundlichkeit und Langlebigkeit. Aber auch ein neues Denken zum Recycling ist mit einer Abkehrung von verschwenderischer Mode möglich.

Es ist aber auch denkbar, dass Mode endlich von den Verbrauchern selbst stärker für die Befriedigung der individuellen Bedürfnisse entworfen wird. So konnte z.b. eine preiswerte Stickmaschine 1990 an einen Heimcomputer angeschlossen werden und hat damit auch hochkomplizierte Stickmuster produziert.
In diesen Fällen verändert sich die Mode sinnvoll zur Kreativwerkstatt zur Bedürfnisbefriedigung des Einzelnen.

h) Die Entwicklung neuer Produkte auch neu denken.

Wenn ich bereits bei der Planung neuer Produkte nicht nur den höchsten Preis und die größten Umsätze und Gewinn im Blick habe, sondernd das Gemeinwohl für die Nutzer werden andere Kennzahlen notwendig.

Stattdessen sind gemeinwohlorientiert hohe Zuverlässigkeit, lange Lebensdauer, Service-freundlichkeit, Recycling u.a. bei der Konstruktion oder Planung in den Mittelpunkt zu stellen.

Es macht z.B. wenig Sinn, aus einem Golf IV den

Motor, Getriebe, Tank usw. auszubauen und durch einen Elektromotor zu ersetzen. Ein Elektroauto sollte völlig neu konzipiert werden, um diese gute Technologie verbraucherfreundlich umzusetzen.

i) Forschung und Entwicklung: Unzählige Teams arbeiten unter größter Geheimhaltung an denselben Aufgabenstellungen. Zum Teil sehr teure Gebäude, Maschinen und Geräte sowie gut bezahlte Forscher, Wissenschaftler, Entwickler verbrauchen so einen großen Teil des Reichtums der Gesellschaft für höchste Ineffektivität bei der Anwendung der Ergebnisse. Nicht selten sind sogar Ergebnisse gefährlich bei der Anwendung, wie Veröffentlichungen aus dem Bereich der Pharmaindustrie immer wieder aufdecken.

Das neueste Beispiel ist auch der Skandal um den VW-Konzern.

Das System der Marktwirtschaft ist hier Ressourcenzerstörend und gesellschaftsfeindlich.

k) Werbung
Hier gilt vor allem für die Briefkastenwerbung das gleiche wie im Punkt a). Es werden nicht nur Material und Energie ohne Mehrwert für die Menschen verbraucht, sondern häufig noch über das Abholzen von Regenwäldern die Umwelt irreversibel geschädigt.

l) Arbeitsplätze und Arbeitszeiten.

Im Punkt 9. „Träumen dürfen – weitere langfristige Ziele" wurde bereits von einem Arbeitsplatzschwund in Größenordnungen berichtet, der in den nächsten Jahrzehnten erfolgen wird.

Nun gibt es viele Menschen, die davor Angst haben. Aber bereits in den 70er Jahren haben wir von einer 30-Stunden-Woche geträumt! Und heute?

Die Zahl der geleisteten Überstunden ist so hoch wie kaum zuvor.

Weitere notwendige Veränderungen müssen von Allen angesprochen werden dürfen, wie z.B. das möglichst vollständige Recyceln oder die Produktion ohne Abfälle genauso wie der sinnvolle Umgang mit Lebensmitteln oder die Produktion von Lebensmitteln in der Stadt u.v.a.m. Hier sind die Fachleute aus den verschiedenen gesellschaftlichen Bereichen gefragt, die aber dann nicht die Meinung von Lobbyisten vertreten sollen, sondern eigene Ideen und Konzepte im Sinne des Gemeinwohls einbringen.

Nur in einem kapitalistischen System auf der Grundlage einer ungebremsten Marktwirtschaft bedeutet das Zukunftsängste für den Großteil unserer Menschen.

Weniger Kosten z.B. durch Automatisierung dürfen nicht mehr nur den Eigentümern zu Gute kommen, sondern müssen sich für den Verbraucher bemerkbar machen.

Die zu Beginn dieses Kapitels notwendige Umstrukturierung ist mit den Zielen des Neoliberalismus und unbegrenztem Wachstum unvereinbar.

Daher ist eine Weiterentwicklung von Demokratie und Gemeinwohl die Basis für jede sinnvolle weitere gesellschaftliche Entwicklung. Dazu gibt es keine Alternative.

11. IS, asymmetrischer Krieg, Demokratie

Derzeit warnen Politikwissenschaftler davor, dass die Auseinandersetzungen mit dem Islamischen Staat zu einem asymmetrischen Krieg auf sehr lange Zeit führen kann, der in ganz Europa, den USA und anderen Staaten viele Opfer fordern wird und neben beträchtlichen Schäden vor allem zu radikalem Demokratieabbau führen wird. Dieser Demokratieabbau wird mit der notwendigen Sicherheitspolitik begründet.

Allein dieser Demokratieabbau nutzt nur den Mächtigen hinter den Regierungen sehr stark, um Unruhen durch die weitere Öffnung der Schere zwischen Arm und Reich im Keim mit „demokratischer" Zustimmung der Regierungen bereits im Keim zu ersticken.

Verschwörungstheoretiker könnten an dieser Stelle wie beim Einsturz des World Trade Centers behaupten, diese Mächtigen hätten diesen Konflikt vorsätzlich angezettelt, an dem sie auch noch Unsummen an den Waffenverkäufen verdienen und starke wirtschaftlich Gegner mit den Problemen, die durch Flüchtlinge u.a. entstehen sichtbar schwächen.

Warum führen denn nun diese selbsternannten Gotteskrieger ihren Kampf gegen alle Ungläubigen?

Vor allem die USA haben mit ihren Kriegen gegen Afghanistan und Irak große Teile der arabischen

Welt gegen sich aufgebracht. Dazu kommt noch die kriegerische Rolle Israels als Stellvertreter der USA in dieser Region, die die Macht in dieser Region beansprucht.

Auch Europas Rolle in Nordafrika ist umstritten. So wird kurz vor dem Nordafrikanischen Frühling frohlockt, dass ganz Europa in absehbarer Zeit seine gesamte Energie über Starkstromleitungen aus Nordafrika beziehen wird.

Das Einzige, was dem im Weg stand und für Unsicherheit sorgte waren die politischen Verhältnisse vor Ort. Ein Schelm, wer Böses dabei denkt. Zumindest ist auch das genau so schief gegangen wie alle Kriege der USA seit dem Koreakrieg. Wir sehen jetzt die verheerenden Ergebnisse. Die Politik hat weder aus den beiden Weltkriegen noch aus den Kriegen danach wirklich etwas dazu gelernt.

Auch die Reaktion Frankreichs nach den Anschlägen in Paris war wie üblich zu erwarten: Wir schlagen zurück! Und eine Frau Merkel, die vor Tagen noch behauptet hat, sie wolle nicht als Kriegskanzlerin in die Geschichte eingehen stimmt jetzt allen militärischen Einsätzen in Syrien und darüber hinaus voll zu.

Dass nicht funktionieren wird wissen wir jetzt schon.

Es gibt doch ganz andere Lösungen! Hier steht wieder die Frage: wem nutzt es?

Wenn man diese Frage beantworten will kommt

automatisch die nächste Frage: Wer unterstützt den IS mit Geld, Waffen, Logistik usw.?

Und diese Drahtzieher müssen vor internationale Kriegsverbrechergerichte!

Da kommen die größten Unterstützungen aus Saudi Arabien, denen Deutschland noch über 150 Kampfpanzer Leopard 2 verkaufen wollte, dem modernsten und schlagkräftigsten Kampfpanzer der Welt. An wie vielen Waffen, die der IS einsetzt, haben denn deutsche Firmen Unsummen bis jetzt verdient?

Da kauft die Türkei das Erdöl aus den okkupierten Gebieten und finanziert damit den Kampf gegen die westliche Welt und gegen die eigen Partner in der Nato, weil Herr Erdogan selbst einen islamischen Staat in der Türkei aufbauen will. Gleichzeitig benutzt er den IS gegen die eigenen Kurden und liefert die Munition für die eroberten Waffen des IS, u.a. für über 50 „eroberte" schwere amerikanische Kampfpanzer. (71)

Warum kommen aber so viele junge neue Kämpfer auch aus Europa?

Der weltweite Niedergang von Kultur und Demokratie ist auch in Europa zu spüren. Die Krawalle in Paris und anderen Städten Frankreichs u.a. 2005 oder die Krawalle und Straßenschlachten 2011 in London bezeugen ein Abbild falscher, vor allem undemokratischer Politik.

Ein Niedergang von menschlichen Werten wie Verständnis, Vertrauen, Partnerschaftlichkeit, Solidarität und vielen anderen zugunsten menschenverachtender neuer „Werte" wie Gier und Machthunger/ - Machtmissbrauch, Betrug und Manipulationen seitens der Regierungen, Egoismus und anderen sowie das Kaufen, Unterwandern und Erpressen von Regierungen weltweit durch die Konzernlobby und Zukunftsängste stoßen besonders junge Menschen ab und führen sie sowohl zu rechten Szene als auch zu den Versprechungen für eine neue bessere Welt des IS oder von Al-Quaida.

Hier gilt alles, was bereits im Punkt 7 angesprochen wurde.

Die Sehnsucht dieser jungen Leute nach einer zukunftsfähigen und lebenswerten Gesellschaft, die wir mit der gegenwärtigen Politik nicht erfüllen können, werden von diesen Gruppierungen von Rechten, IS, Al-Quaida u.a. propagandistisch ausgenutzt.

Nur eine Politik hin zu mehr Demokratie kann diesen ganzen Gruppierungen letztendlich Einhalt gebieten und die jungen Menschen vor Verblendungen und Manipulationen wirksam schützen.

Aber solange der Staat mit seiner menschenverachtenden Politik gegen die eigenen Menschen vorgeht und ausschließlich die Interessen der großen Monopole verfolgt wird die Situation sich weiter verschärfen.

Leidtragende sind wir, die wir nichts dagegen tun!

12. Demokratie weltweit?

Besonders die europäischen Länder haben sich in den letzten Jahrzehnten mit möglichen Formen der Demokratie auseinander gesetzt, so dass hier bereits viele Erfahrungen vorliegen und auch hier eine Vorbildrolle weltweit eingenommen werden kann.

Diese guten Erfahrungen sind vorrangig durch den Kampf zwischen den Systemen Sozialismus und „soziale" Marktwirtschaft entstanden.

Die weitere Zuspitzung der Lage der einkommensschwachen Schichten, aber auch die zunehmende Verelendung der Mittelschicht polarisiert aber derzeit auch immer stärker.

Dazu kommen die im Punkt 11 aufgeführten unhaltbaren gesellschaftliche Zustände und Zielstellungen der internationalen Konzern- und Finanzmafia.

Eine Demokratisierung der Länder in der europäischen Gemeinschaft hätte Vorbild- und Signalwirkung weltweit und würde der menschenverachtenden und umweltzerstörenden

Politik der Konzern- und Finanzmafia wirksam gegensteuern.

Nur das wird uns eine zukunftsfähige und lebenswerte Gesellschaft ermöglichen.

Alles, was davon abweicht, wird als Zielstellung nicht ausreichen.

Erst auf der Grundlage einer funktionierenden Demokratie können dann alle anderen Zielstellungen wie Erhaltung unserer Erde, Bekämpfung von Hunger und Krankheiten, von Kriegen und alle anderen aktuellen Probleme auch wirksam und nachhaltig gelöst werden. Ohne diese demokratische Grundlage ist alles nur unvollständiges Stückwerk, das früher oder später zum weiteren Untergang führen wird.

Auf der Klimakonferenz 30.Nov.- 11. Dezember 2015 in Paris führte selbst US-Präsident Obama am Eröffnungstag bereits aus, dass wir für eine Klimawende nur noch eine Generation, diese, unsere Generation, Zeit zur Verfügung haben.

Danach sind die angerichteten Schäden irreparabel.

Wir haben keine Zeit zu verlieren! Kommende Generationen müssen mit den riesigen Schäden leben, die wir heute nicht verhindern, sondern weiter durch Schweigen und Inaktivität zulassen! Diese nach uns kommenden Generationen werden uns dafür verurteilen! Das sind bereits unsere Kinder und Enkel!

Wollen wir wirklich weiter schweigen und nichts tun und uns dann berechtigterweise dafür verurteilen lassen und schämen müssen?

Lasst uns aktiv unsere ureigensten Rechte einfordern! Lasst uns gemeinsam etwas dafür tun.

Nicht irgendwann, sondern jetzt, bevor es zu spät ist!

13. Über den Autor

Der Autor hat ein sehr bewegtes Leben hinter sich und könnte dazu ein eigenes Buch schreiben.

Daher hier nur eine Kurzfassung des Lebenslaufes:

Persönliche Angaben: Wohnort Weimar in Thüringen gemeinsam mit seiner Lebenspartnerin, geschieden 2 erwachsene intelligente, liebenswerte und hübsche Kinder, die jeweils selbst eigene Familien mit derzeit 4 Enkeln für mich haben. Beide Kinder haben Universitäts- bzw. Hochschulabschluss.

2 Ingenieurabschlüsse (davon 1 Diplomabschluss), Universitätsstudien in Pädagogik und Psychologie, Hoch und Fachschulabschlüsse u.a. in Philosophie und Politikwissenschaften geben das notwendige Grundlagenwissen.

Viele Jahre Berufserfahrung u.a. an einer Elite-Offiziershochschule, bei einem der geheimsten Geheimdienste bei der NVA, dem SND, als Mitarbeiter des Ministeriums für Land-, Forst-

und Nahrungsgüterwirtschaft und jahrzehntelanger Ausbilder von Studenten im Direkt- und Fernstudium und weiter fast aller Altersgruppen von der ersten Klasse an bis ins hohe Alter sowie über 20 Jahren als Hypnosecoach und psychologischer Berater und Leiter vieler Unternehmen geben die Grundlage für vielfältigste praktische Erfahrungen.

Die Mischung von fundiertem Wissen und Erfahrung aus den Bereichen Naturwissenschaft und Technik, Psychologie, Pädagogik, Philosophie und Politikwissenschaften ermöglicht das Erkennen von Zusammenhängen, die Anderen meist weit schwerer fallen.

Dabei interessiert ihn besonders das Verstehen des Funktionierens der Welt – sowohl der materiellen Welt als auch der geistigen Welt. In den verschiedenen Veröffentlichungen geht er dabei z.B. vom biologischen Aufbau und der Funktionsweise unseres Gehirns aus, wie Denken, Fühlen und Lernen funktionieren, wie das Gehirn von außen durch Geräte, Sprachmuster oder nonverbale Kommunikation beeinflusst werden kann und hat daraus seine verschiedenen psychologischen Fachbücher, u.a. zu den Themen Bildung und Manipulation, Hypnose und hypnotische Sprachmuster, Partnerschaft – Beziehungen, Erziehung, Psychologie im betrieblichen Alltag usw. geschrieben.

Der Autor ist ehrenamtlich in mehreren Vereinigungen aktiv, u.a. als korrespondierendes Mitglied der Akademie Solidarische Ökonomie sowie Mitglied der Akademie für Demokratieentwicklung und Zukunftsfragen.

Lebenslauf

Name: Dipl.-Ing., Päd., Psych. Bernhard Brose

1. Schulische Ausbildung: 1959-69, Käthe-Kollwitz-POS/ 10.Klasse

2. Wehrdienst:

1970-1974, Offiziershochschule „Franz Mehring" Luftstreitkräfte/Luftverteidigung Kamenz, Ausbildung: Flugzeugmechaniker MIG 21 Funk- und Funkmessausrüstung, 2 Jahre Tätigkeit beim SND (Spezialnachrichtendienst analog des MAD der Bundeswehr) an der OHS

3. Berufsausbildung:

a) VEB Weimar-Werk Weimar, 1967-1970, Dreher/ Zerspaner-Facharbeiter
b) Fahrlehrerschule Seela, 1989/90: Fahrlehrer Kl. A,B,C/CE,KOM, Punkteabbau, Nachschulung
c)1991-93: Heilpraktikerschule Weil a. Rhein: Heilpraktikerausbildung, Spezialisierung Psychologischer Berater

4. Weiterbildungen und sonstige Abschlüsse:

a) 1986: Humboldt-Universität Berlin, Messtechnik u.Programmierung mit MC 80 (Assembler)

b) 1985: Schachtbau Nordhausen: Programmierung mit Turbo-Pascal

c) 1987: Fahrlehrer PKW

d) 1987: Personenbeförderungsschein f.Taxi

e) IHK-Abschlüsse 1992 zum Führen von Betrieben im Personenverkehr (KOM) sowie von Taxi- und Mietwagen

f) 1993-2004: Paracelsius- Heilpraktikerschulen, Ärztliche Gesellschaft für Hypnose, Hypnoseakademie Arnstorf; verschiedene Kurse zu Entspannungstechniken, Bühnen- und ärztliche Hypnose

g) 1994: Landesverkehrswacht Erfurt: Moderator f. Verkehrserziehung

h) Schulungen und Weiterbildungen im Bereich Versicherungen/ Bausparen, z.B. BHW, DiBa, Schwäbisch Hall u.a.

i) 2005: Bertelsmann/ Brockhaus; Außendienstmitarbeit-Direktvertrieb

j) 2008-09: Krone, CNC-Programmierer Drehen/ Fräsen

5. Studium:

a) 1974-77: Ingenieurschule Nordhausen: Ing. für Landtechnik (direkt und externer Studium)

b)1975-81: Friedrich-Schiller-Uni Jena/ Ing.-Hochschule Berlin Wartenberg: Dipl.-Ing. für Instandhaltung (Fernstudium)

c) 1983/4: BPS Erfurt: Philosophie, Ökonomie,

Geschichte (Fernst.)

d) 1986/7: Karl-Marx-Universität Leipzig, Pädagogik und Psychologie in der Erwachsenenaus- und Weiterbildung (Postgradualst.)

6. Beruflicher Werdegang

a) 1970: VEB Weimar-Werk; Dreher im 3-Schicht-System
b) NVA sh. Punkt 2-Wehrdienst
c) 1974: VEB Weimar-Werk: Dreher/ Zerspaner im Werkzeugbau
d) 1975-1981: Ing-Schule Nordhausen: Mitarbeiter
e) 1981/2: Ministerium für Land-, Forst- und Nahrungsgüterwirtschaft Berlin: Mitarbeiter im Sektor Hoch- und Fachschulwesen sowie Beauftragter des Ministers für den Bezirk Suhl
f) 1982-87: Ing.-Schule Nordhausen: Fachlehrer für Landmaschinen und Fördertechnik sowie verschiedene Leitungsfunktionen
g) 1987-89: VEB Kraftverkehr Nordhausen, Direktorat Wissenschaft und Technik
h) 1989/90: VEB Kraftverkehr Nordhausen: Fahrlehrer
i) 1990-1996: B&K Fahrschulteam Nordhausen GmbH; Inhaber, Geschäftsführer und Fahrlehrer
j) 1992-96: B&K Busreisen GmbH Nordhausen; Inhaber und GF
k) 1992-96; B&K Reiseteam Nordhausen; Inhaber und Gf
l) 1993-1996: ProSupersport Nordhausen

(Extremsport), Inhaber

m) Brose&Deich Tuning Nordhausen, Inhaber

n) 1996-97: AFZ-Aus- und Fortbildungszentrum Salley Nordhausen, Geschäftsführer und Leitender Fahrlehrer der Fahrschule

o) 1997-2002: Kreativ Fahrschule: Geschäftsführer und Fahrlehrer

p) 2002: Maklerdirektion „Konzept" Nordhausen; Mitinhaber, Mitglied im Maklerverbund „invers" Leipzig

q) 2002-2003: Handel mit landwirtschaftlichen Nutzfahrzeugen und internationale Fahrzeugüberführungen, vorrangig LKW und Bus mit Hauptpartner Mercedes-Benz in Wörth am Rhein

r) 2004- : Unternehmensberatung

s) 2005-2008: Freiberuflicher Mitarbeiter – Außendienst bei Bertelsmann Gütersloh/ Brockhaus-Leipzig

t) 2008-20010:Freiberuflicher Mitarbeiter der GfK Nürnberg

u) Journalist und Redakteur beim VWM-Verlag

v) Wiederaufbau der psychologischen Beratung

7. EDV-Kenntnisse

a) Office: Beherrschung von Word, Excel, Access, Powerpoint, Frontpage

b) Internet: Web-Programmierung in HTML, PHP 5, MySQL sowie mit Frontpage, Dreamweaver, Flash usw.

c) Programmierung in Borland-Pascal/ Delphi, Visual-Basic, Visual-C++,

d) Grafik: Corel-Draw, Photo-Paint usw, Adobe: Photoshop

e) Video: u.a. Adobe Premiere

f) Musik: Samplitude, Kontakt, Reaktor, Cubase, Live 8, u.a.m.

8. Interessen und Hobbys

a) Foto und Video

b) Entwicklung, Aufbau und Test von analogen und digitalen elektronischen Schaltungen incl. Programmierung

c) Musik: Gitarre (akustic und elektro), Keyboard

d) Sportfliegen (Segelflug)

e) Leichtathletik, Wintersport, Schwimmen usw.

f) 1990-96: Kreisverkehrswacht Nordhausen: Gründer und Vorsitzender

g) 1994- : gemeinnütziger Verein "gemeinsam leben" e.V. Leipzig; Gründer und Vorstandsmitglied

h) Ehrengroßelternschaft sh.: http://stadt.weimar.de/uploads/media/2006_24_ra thauskurier.pdf, Seite 3198

i) Mitglied der Akademie für Demokratieentwicklung und Zukunftsfragen

14. Weitere Veröffentlichungen des Autors

Reihe „Psychologie leicht erklärt" Band 1: „Bildung und Manipulation"

Reihe „Psychologie leicht erklärt" Band 2: „Partnerschaft – Beziehungen"

Band 3: Erziehung

Gebrochene Seelen – Jugendamtsopfer

Wachstumswende – weniger ist viel mehr? - Probleme und praktische Lösungen für eine lebenswerte und zukunftsfähige Demokratie

In Vorbereitung: Reihe „Psychologie leicht erklärt"

Band 6: Justiz und Demokratie

Bücher veröffentlichen bei Amazon und Kindle – Selfpublishing bei Createspace

Unternehmensratgeber: Psychologie, Werbung, Marketing, Planung von Prozessen

Hypnotische Formulierung im Verkaufsgespräch

Darüber hinaus gibt es die aktuellen Angebote unter:

www.psychologie-we.de   und

www.unternehmen-we.de

15. Literaturverzeichnis

Alle Links können Sie bequem unter www.akademie-dz.de im Punkt Bücher aufrufen, damit Sie sie nicht mühsam abtippen müssen.

Im Buch „Wachstumswende – weniger ist viel mehr? Probleme und praktische Lösungen für eine lebenswerte und zukunftsfähige Demokratie; Information und Handlungsanleitung für Bürgerinitiativen und Interessenten", ISBN-13: 978-1514376157 oder ISBN-10: 1514376156 sowie unter www.initiativ-network.lima-city.de
finden Sie eine Unmenge an weiteren Quellen, die hier absichtlich nicht nochmals aufgeführt wurden.

1. . Goldman Sachs unter https://www.youtube.com/watch?v=_PSDXtQL-Aw

2. Black Rock New York http://mediathek.daserste.de/sendungen_a-z/799280_reportage-dokumentation/19067010_die-story-im-ersten-geld-regiert-die-welt

3. Bilderberger Konferenzen http://de.wikipedia.org/wiki/Bilderberg-Konferenz

4. https://de.wikipedia.org/wiki/Wolfgang_Thierse

5.
https://de.wikipedia.org/wiki/Lothar_König_(Pfarr
er)

6. http://www.mz-web.de/wirtschaft/der-weg-aus-
der-katastrophe-wie-island-die-finanzkrise-
ueberwunden-hat,20642182,30935674.html

7.
https://www.taz.de/1/archiv/digitaz/artikel/?ress
ort=hi&dig=2013%2F09%2F14%2Fa0198&cHash=c4f
b5c8d7e33b2bf7c361d8202137a84

8. http://www.akademie-dz.de/jobcenter.htm

9. http://www.mehr-demokratie.de/themen.html

10. http://initiativ-network.lima-city.de/links.htm

11.
http://www.amazon.de/s/ref=nb_sb_noss?__mk_d
e_DE=ÅMÅŽÕÑ&url=search-
alias%3Dstripbooks&field-
keywords=Bernhard+Brose+Bildung

12. http://www.amazon.de/Gebrochene-Seelen-
Jugendamtsopfer-Bernhard-
Brose/dp/151164074X/ref=sr_1_fkmr1_1?s=books&i
e=UTF8&qid=1446824237&sr=1-1-
fkmr1&keywords=Bernhard+Brose+Bildung

13. http://initiativ-network.lima-city.de

14.
http://www.amazon.de/s/ref=nb_sb_noss?__mk_d
e_DE=ÅMÅŽÕÑ&url=search-alias%3Daps&field-
keywords=bernhard+Brose+Hypnose

15. http://methodenpool.uni-
koeln.de/uebersicht.html

16.
http://www.work4all.de/software/projekt/?gclid=
CJ_V84en_MgCFSP4wgodG9IMdg

17. http://www.gpm-
infocenter.de/PMMethoden/Startseite

18. http://www.gpm-
infocenter.de/PMMethoden/Startseite

19.
http://www.psconsult.de/de/beratung/optimierun
g_ihres_projektmanagements/pm_prozesse_optimie
ren/

20. http://www.unternehmen-
we.de/unternehmensberatung.htm

21. http://www.iaw.rwth-
aachen.de/files/iaw_spectrum_0210-schneider.pdf

22. https://de.wikipedia.org/wiki/Controlling

23. http://initiativ-network.lima-city.de/brose.htm

24. Die Profitgeier: Wie unfähige Manager unser Land ruinieren; Thomas Wieczorek

25. https://de.wikipedia.org/wiki/WikiLeaks

26. Einspruch!: Wider die Willkür an deutschen Gerichten. Eine Polemik15. September 2014 von Norbert Blüm

27. http://issuu.com/westend-verlag/docs/leseprobe_honolka-jetzt_reichts/1?e=0/4042619

28. Die kommende Demokratie: Sozialismus 2.0 Zu den Aufgaben und Möglichkeiten einer Partei der Zukunft im Europa von Morgen - Manifest von Katja Kipping und Bernd Riexinger

29. https://de.wikipedia.org/wiki/Christian_Felber

30. www.globalmarshallplan.org

31. www.akademie-solidarische-oekonomie.de/index.php

32. www.akademie-dz.de/

33. www.attac.de/was-ist-attac/

34. www.bund.net/

35. www.wachstumswende.org

36. www.transition-initiativen.de

37. www.degrowth.de/de/2015/01/degrowth-eine-kapitalismuskritische-bewegung/

38. http://solikon2015.org/de

39. www.mehr-demokratie.de

40. http://www.amazon.de/s/ref=nb_sb_noss?__mk_de_DE=ÅMÅŽÕÑ&url=search-alias%3Daps&field-keywords=bernhard+brose+wachstum&rh=i%3Aaps%2Ck%3Abernhard+brose+wachstum

41. http://www.welt.de/politik/ausland/article109328504/Fast-100-Milliardaere-spenden-ihr-halbes-Vermoegen.html

42. http://www.kritischeaktionaere.de

43. http://www.akademie-dz.de/briefe.htm

44. http://www.arte.tv/guide/de/051622-000/macht-ohne-kontrolle-die-troika

45.
http://www.amazon.de/s/ref=nb_sb_noss?__mk_de_DE=ÅMÅŽÕÑ&url=search-alias%3Daps&field-keywords=Bernhard+Brose+Bildung

46. https://de.wikipedia.org/wiki/152_(Flugzeug)

47.
http://www.amazon.de/s/?ie=UTF8&keywords=psychotrader&tag=googhydr08-21&index=aps&hvadid=49585526934&hvpos=1t1&hvexid=&hvnetw=g&hvrand=12192224347626447800&hvpone=&hvptwo=&hvqmt=b&hvdev=c&ref=pd_sl_360dvaoqmt_b

48. http://www.amazon.de/Der-Fall-Mollath-Versagen-Psychiatrie/dp/3280055598/ref=pd_sim_14_3?ie=UTF8&dpID=51A0DZtVB-L&dpSrc=sims&preST=_AC_UL160_SR111%2C160_&refRID=1CZR9KAZY9RT48RDW5BT

49. weitere Bücher zum Thema Justiz und Gerechtigkeit u.a. unter:
http://www.amazon.de/Der-Fall-Mollath-Versagen-Psychiatrie/dp/3280055598/ref=pd_sim_14_3?ie=UTF8&dpID=51A0DZtVB-L&dpSrc=sims&preST=_AC_UL160_SR111%2C160_&refRID=1CZR9KAZY9RT48RDW5BT

50. http://www.zeit.de/wirtschaft/2015-01/oxfam-armutsbericht-ein-prozent-der-weltbevoelkerung-reicher-als-der-rest

51. http://www.spiegel.de/thema/bnd/

52. Nichts als die Wahrheit?: Warum jeder unschuldig verurteilt werden kann von Max Steller

53. Justiz von unten: Berichte, Kritik und Denkanstöße aus der Black von Christoph Strecker

54. Unschuldig in Haft: Wenn der Staat zum Täter wird Gebundene Ausgabe – 29. April 2014
von Jan Schmitt

55. Unrecht im Namen des Volkes: Ein Justizirrtum und seine Folgen (Zeitgeschichte) Taschenbuch – 8. Januar 2007
von Sabine Rücker

56. Programmierbare Materie:

https://de.wikipedia.org/wiki/Dynamic_Physical_Rendering

57. Telomere und Alterung:
https://www.uni-heidelberg.de/presse/news2013/pm20130911_zellalterung.html

58. Crisp cas9-Verfahren:
http://www.heise.de/tr/artikel/Wem-gehoert-die-groesste-Biotech-Entdeckung-des-Jahrhunderts-2485055.html

59. Leben mit Robotern:
http://www.sueddeutsche.de/digital/kuenstliche-intelligenz-man-kann-mit-robotern-eine-ehe-fuehren-1.342591

60. http://singularityhub.com/2015/01/26/ray-kurzweils-mind-boggling-predictions-for-the-next-25-years/

61. Verbindung von Computer und Gehirn
https://translate.google.de/translate?hl=de&sl=en&u=http://money.cnn.com/2015/06/03/technology/ray-kurzweil-predictions/&prev=search

62. http://www.zeit.de/2013/14/utopien-ray-kurzweil-singularity-bewegung

63.
https://de.wikipedia.org/wiki/Watson_(K%C3%BC

nstliche_Intelligenz)

64. http://singularityu.org/

65.
https://de.wikipedia.org/wiki/Technologische_Sing
ularit%C3%A4t

66. Klimawandel – woher kommen die Zahlen?
https://www.youtube.com/watch?v=UV9-
GFHz_9Y

67. Die Machte der Superreichen
https://www.youtube.com/watch?v=6GUaXKxGm
6k

68. Geld regiert die Welt
https://www.youtube.com/watch?v=p1ZVEbwVja
M

69. Mit Frieden kann man kein Geld verdienen -
Tödliche Deals - Doku – ZDFinfo
https://www.youtube.com/watch?v=26PzDxLU7bk

70. Die Vermögen der Superreichen gefährden die
Demokratie!
https://www.youtube.com/watch?v=-Iutb2ixOqc

71.
http://www.faz.net/aktuell/politik/ausland/naher
-osten/islamischer-staat-in-syrien-ziel-des-is-ist-ein-

genozid-an-den-kurden-13165171.html